일본어 패턴 쓰기 노트

일본어 패턴 쓰기 노트

지은이 넥서스콘텐츠개발팀
펴낸이 임상진
펴낸곳 (주)넥서스

초판 1쇄 인쇄 2023년 9월 10일
초판 1쇄 발행 2023년 9월 20일

출판신고 1992년 4월 3일 제311-2002-2호
주소 10880 경기도 파주시 지목로 5
전화 (02)330-5500 팩스 (02)330-5555

ISBN 979-11-6683-595-7 13730

www.nexusbook.com

매일 일본어 문장 쓰기 루틴

일본어 패턴 쓰기 노트

넥서스콘텐츠개발팀 지음

おはよう

넥서스 JAPANESE

STEP 1

3번 듣고 따라 써 보기

일본어 패턴을 눈으로 먼저 익히고
원어민의 발음을 세 번씩 반복해서 들으세요.
그리고 패턴을 응용한 문장을 따라 써 보세요.

패턴 1 ~は ~です. 🎧 MP3 001
~은(는) ~입니다.

🎧 3번 듣고 일본어 따라 써 보기

001 ✓○○
이것은 가방입니다.
これはかばんです。

002 ✓○○
저곳은 편의점입니다.
あそこはコンビニです。

003 ✓○○
저는 한국인입니다.
私は韓国人です。

004 ✓○○
그 남자는 회사원이다.
彼は会社員だ。

STEP 2

우리말을 일본어로 2번 듣고 말해 보기

패턴을 충분히 암기할 수 있도록 우리말 뜻에
해당하는 문장을 일본어로 두 번씩 써 보세요.
또 직접 입으로 말해 보는 것이 중요합니다.

주어를 나타내는 조사 ~は는 ~은(는)'이라는 뜻이며 [하]가 아니라 [와]라고 발음합니다. 명사 위에 です를 붙
이면 '~입니다'라는 긍정 표현이 됩니다. ~です는 존댓말이며 반말은 ~だ(~이다)라고 합니다.

🎧 우리말을 일본어로 2번 쓰고 말해 보기 | 단어

이것은 가방입니다.
✎
✎

これ 이것
かばん 가방

저곳은 편의점입니다.
✎
✎

あそこ 저곳, 저기
コンビニ 편의점

저는 한국인입니다.
✎
✎

私わたし 나, 저
韓国人かんこくじん 한국인

그 남자는 회사원이다.
✎
✎

彼かれ 그남자, 그
会社員かいしゃいん 회사원

핵심 패턴 체크하기

앞에서 배웠던 중요 일본어 문장을 다시
한 번 말해 보고 암기한 것을 써 보세요.
듣기→쓰기→말하기 학습을 통해 일본어
300문장을 통암기할 수 있게 됩니다.

MP3 듣기 & 다운로드 방법

책 속의 QR코드를 인식하면
원어민 MP3를 바로 재생할 수 있습니다.

www.nexusbook.com에서 다운로드 가능합니다.

❶ 원어민 MP3
❷ 핵심 패턴 체크하기 정답 PDF

일본어 패턴 쓰기 노트
목차

히라가나 ● 오른쪽 빈칸에 히라가나를 써 보세요.

행＼단	あ단		い단		う단		え단		お단	
あ행	あ [아]		い [이]		う [우]		え [에]		お [오]	
か행	か [카]		き [키]		く [쿠]		け [케]		こ [코]	
さ행	さ [사]		し [시]		す [스]		せ [세]		そ [소]	
た행	た [타]		ち [치]		つ [츠]		て [테]		と [토]	
な행	な [나]		に [니]		ぬ [누]		ね [네]		の [노]	
は행	は [하]		ひ [히]		ふ [후]		へ [헤]		ほ [호]	
ま행	ま [마]		み [미]		む [무]		め [메]		も [모]	
や행	や [야]				ゆ [유]				よ [요]	
ら행	ら [라]		り [리]		る [루]		れ [레]		ろ [로]	
わ행	わ [와]								を [오]	
ん	ん [응]									

가타카나

● 오른쪽 빈칸에 가타카나를 써 보세요.

행＼단	ア단		イ단		ウ단		エ단		オ단	
ア행	ア [아]		イ [이]		ウ [우]		エ [에]		オ [오]	
カ행	カ [카]		キ [키]		ク [쿠]		ケ [케]		コ [코]	
サ행	サ [사]		シ [시]		ス [스]		セ [세]		ソ [소]	
タ행	タ [타]		チ [치]		ツ [츠]		テ [테]		ト [토]	
ナ행	ナ [나]		ニ [니]		ヌ [누]		ネ [네]		ノ [노]	
ハ행	ハ [하]		ヒ [히]		フ [후]		ヘ [헤]		ホ [호]	
マ행	マ [마]		ミ [미]		ム [무]		メ [메]		モ [모]	
ヤ행	ヤ [야]				ユ [유]				ヨ [요]	
ラ행	ラ [라]		リ [리]		ル [루]		レ [레]		ロ [로]	
ワ행	ワ [와]								ヲ [오]	
ン	ン [응]									

나 ＿＿＿＿＿ 은/는
일본어 패턴 쓰기 노트를
15일 동안 꾸준히 20문장씩 쓰면서
300문장을 암기하여
완전히 내것으로 만들겠다.

CHAPTER
01
명사문 만들기

001-020

일본어의 명사와 조사 は를 이용하여 긍정, 부정, 과거 긍정, 과거 부정, 의문 문장을 만들어 봅시다. 이 명사문은 일본어에서 가장 기초적인 문장입니다.

~は~です。

~은(는) ~입니다.

 3번 듣고 일본어 따라 써 보기

001

이것은 가방입니다.

これはかばんです。

002

저곳은 편의점입니다.

あそこはコンビニです。

003

저는 한국인입니다.

<ruby>私<rt>わたし</rt></ruby>は<ruby>韓国人<rt>かんこくじん</rt></ruby>です。

004

그 남자는 회사원이다.

<ruby>彼<rt>かれ</rt></ruby>は<ruby>会社員<rt>かいしゃいん</rt></ruby>だ。

주어를 나타내는 조사 ～は는 '～은(는)'이라는 뜻이며 [하]가 아니라 [와]라고 발음합니다. 명사 뒤에 です를 붙이면 '～입니다'라는 긍정 표현이 됩니다. ～です는 존댓말이며 반말은 '～だ(～이다)'라고 합니다.

우리말을 일본어로 2번 쓰고 말해 보기

단어

이것은 가방입니다.

✎ _____

✎ _____

これ 이것
かばん 가방

저곳은 편의점입니다.

✎ _____

✎ _____

あそこ 저곳, 저기
コンビニ 편의점

저는 한국인입니다.

✎ _____

✎ _____

私わたし 나, 저
韓国人かんこくじん
한국인

그 남자는 회사원이다.

✎ _____

✎ _____

彼かれ 그 남자, 그
会社員かいしゃいん
회사원

13

패턴 2

MP3 002

～は～ではありません。

～은(는) ～이(가) 아닙니다.

 3번 듣고 일본어 따라 써 보기

 005

그것은 책이 아닙니다.

それは本ではありません。

 006

이곳은 학교가 아닙니다.

ここは学校じゃありません。

007

이노우에 씨는 대학생이 아닙니다.

井上さんは大学生じゃないです。

008

나는 일본인이 아니다.

私は日本人ではない。

14

명사 뒤에 ではありません을 붙이면 '～이(가) 아닙니다'라는 부정 표현이 됩니다. 여기서 ～では는 [데하]가 아니라 [데와]라고 발음하는데, 회화체로 ～じゃ라고 줄여서 말할 수도 있습니다. 또한 ありません도 ないで す라고 바꿔 말할 수 있습니다. 반말로는 '～では ない, ～じゃ ない(～이(가) 아니다)'라고 합니다.

🔊 우리말을 일본어로 2번 쓰고 말해 보기 | 단어

그것은 책이 아닙니다.

✎ _____

✎ _____

それ 그것
本ほん 책

이곳은 학교가 아닙니다.

✎ _____

✎ _____

ここ 이곳, 여기
学校がっこう 학교

이노우에 씨는 대학생이 아닙니다.

✎ _____

✎ _____

～さん ~씨
大学生だいがくせい
대학생

나는 일본인이 아니다.

✎ _____

✎ _____

私わたし 나, 저
日本人にほんじん 일본인

15

~は~でした。

~은(는) ~이었습니다.

3번 듣고 일본어 따라 써 보기

009

저것은 볼펜이었습니다.

あれはボールペンでした。

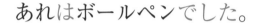

010

그곳은 도서관이었습니다.

そこは図書館でした。

011

그 여자는 연예인이었습니다.

彼女は芸能人でした。

012

어제는 일요일이었다.

昨日は日曜日だった。

긍정문 〜です의 과거 표현인 〜でした는 '〜이었습니다'라는 뜻입니다. 반말은 '〜だ(〜이다)'에 った를 연결해 '〜だった(〜이었다)'라고 하면 됩니다.

🔊 우리말을 일본어로 2번 쓰고 말해 보기

| 단어 |

저것은 볼펜이었습니다.

✎ _____

✎ _____

あれ 저것
ボールペン 볼펜

그곳은 도서관이었습니다.

✎ _____

✎ _____

そこ 그곳, 거기
図書館としょかん 도서관

그 여자는 연예인이었습니다.

✎ _____

✎ _____

彼女かのじょ 그 여자, 그녀
芸能人げいのうじん
연예인

어제는 일요일이었다.

✎ _____

✎ _____

昨日きのう 어제
日曜日にちようび 일요일

패턴
4

~は~ではありませんでした。

~은(는) ~이(가) 아니었습니다.

 3번 듣고 일본어 따라 써 보기

🎧
013
✓○○

이것은 소설이 아니었습니다.

これは小説ではありませんでした。
　　　しょう せつ

🎧
014
✓○○

화장실은 저쪽이 아니었습니다.

トイレはあちらじゃありませんでした。

🎧
015
✓○○

기무라 씨는 학생이 아니었습니다.

木村さんは学生じゃなかったです。
き むら　　　 がく せい

🎧
016
✓○○

오늘은 휴일이 아니었다.

今日は休みじゃなかった。
きょう　 やす

부정문 ~では ありません의 과거 표현인 ~では ありませんでした는 '~이(가) 아니었습니다'라는 뜻입니다. 회화체로 ~じゃ ありませんでした, ~じゃ なかったです라고 할 수 있고, 반말로는 '~では なかった, ~じゃ なかった(~이(가) 아니었다)'라고 하면 됩니다.

우리말을 일본어로 2번 쓰고 말해 보기

단어

이것은 소설이 아니었습니다.

🖊 _____

🖊 _____

これ 이것
小説しょうせつ 소설

화장실은 저쪽이 아니었습니다.

🖊 _____

🖊 _____

トイレ 화장실
あちら 저쪽

기무라 씨는 학생이 아니었습니다.

🖊 _____

🖊 _____

~さん ~씨
学生がくせい 학생

오늘은 휴일이 아니었다.

🖊 _____

🖊 _____

今日きょう 오늘
休やすみ 휴일

19

패턴 **5**

~は~か。

~은(는) ~까?

🎧 MP3 005

 3번 듣고 일본어 따라 써 보기

🎧 **017**

당신은 대학생입니까?

あなたは大学生ですか。
　　　　 だい がく せい

🎧 **018**

이쪽은 입구가 아닙니까?

こちらは入り口ではありませんか。
　　　　 い 　ぐち

🎧 **019**

그것은 거짓말이었습니까?

それはうそでしたか。

🎧 **020**

다나카 씨는 모델이 아니었습니까?

田中さんはモデルではありませんでしたか。
た なか

20

말끝에 か를 붙이면 '~까?'라는 의문문이 됩니다. '~ですか(입니까?)', '~では ありませんか(~이(가) 아닙니까?)', '~でしたか(~이었습니까?)', '~では ありませんでしたか(~이(가) 아니었습니까?)'와 같이 쓸 수 있습니다. 일본어에서는 대개 물음표 ?를 잘 사용하지 않습니다.

🔊 우리말을 일본어로 2번 쓰고 말해 보기

| 단어 |

당신은 대학생입니까?

✎ _____

✎ _____

あなた 너, 당신
大学生だいがくせい
대학생

이쪽은 입구가 아닙니까?

✎ _____

✎ _____

こちら 이쪽
入いり**口**ぐち 입구

그것은 거짓말이었습니까?

✎ _____

✎ _____

それ 그것
うそ 거짓말

다나카 씨는 모델이 아니었습니까?

✎ _____

✎ _____

~さん ~씨
モデル 모델

21

핵심 패턴 체크하기

✓ 중요 일본어 문장을 다시 말하면서 써 보세요.

🔊
이것은 가방입니다.

🔊
저는 한국인입니다.

🔊
그것은 책이 아닙니다.

🔊
이곳은 학교가 아닙니다.

🔊
저것은 볼펜이었습니다.

🔊
그 여자는 연예인이었습니다.

🔊
화장실은 저쪽이 아니었습니다.

🔊
기무라 씨는 학생이 아니었습니다.

🔊
당신은 대학생입니까?

🔊
이쪽은 입구가 아닙니까?

CHAPTER

02

조사를 활용한
문장 만들기

021-040

일본어는 한국어와 마찬가지로 여러 가지의 조사가 있습니다.
그중 많이 쓰이는 조사의 의미와 쓰임 등을 살펴봅시다.

~の~です。

~의/인 ~입니다.

3번 듣고 일본어 따라 써 보기

021

저의 노트입니다.

^{わたし}
私のノートです。

✏

022

친구의 아버지입니다.

^{とも} ^{とう}
友だちのお父さんです。

✏

023

선배인 가토 씨입니다.

^{せん ぱい} ^{か とう}
先輩の加藤さんです。

✏

024

영어 선생님입니다.

^{えい ご} ^{せん せい}
英語の先生です。

✏

조사 ～の는 소유격이나 동격을 나타내며 명사와 명사를 연결해 줍니다. 소유격으로 쓰일 때는 '～의'라는 뜻이고, 동격으로 쓰일 때는 '～인'이라는 뜻이 됩니다. '영어(의) 선생님', '일본어(의) 책'처럼 명사와 명사 사이에서 쓰일 때 우리말 해석으로는 생략이 되기도 합니다.

우리말을 일본어로 2번 쓰고 말해 보기

단어

저의 노트입니다.

✎ _____

✎ _____

私わたし 나, 저
ノート 노트

친구의 아버지입니다.

✎ _____

✎ _____

友ともだち 친구
お父とう**さん** (다른 사람의) 아버지

선배인 가토 씨입니다.

✎ _____

✎ _____

先輩せんぱい 선배
～さん ~씨

영어 선생님입니다.

✎ _____

✎ _____

英語えいご 영어
先生せんせい 선생님

25

~は~のです。

~은(는) ~의 것입니다.

🎧 MP3 007

3번 듣고 일본어 따라 써 보기

025

이 펜은 저의 것입니다.

このペンは<ruby>私<rt>わたし</rt></ruby>のです。

✏️

026

그 안경은 아버지의 것입니다.

その<ruby>眼鏡<rt>め がね</rt></ruby>は<ruby>父<rt>ちち</rt></ruby>のです。

✏️

027

저 차는 하야시 씨의 것입니다.

あの<ruby>車<rt>くるま</rt></ruby>は<ruby>林<rt>はやし</rt></ruby>さんのです。

✏️

028

그것은 저의 것이 아닙니다.

それは<ruby>私<rt>わたし</rt></ruby>のではありません。

✏️

'この(이~)', 'その(그~)', 'あの(저~)', 'どの(어느~)'는 뒤에 오는 명사를 수식하여 특정할 수 있습니다. 또한 ~の는 '~의 것'이라고 소유격 조사와 명사를 포함하는 뜻도 가지고 있습니다. 이 경우 뒤에 '~です(~입니다)' 나 '~では ありません(~이(가) 아닙니다)'과 같은 서술어가 옵니다.

단어

이 펜은 저의 것입니다.

✎ _____

✎ _____

この 이~
ペン 펜

그 안경은 아버지의 것입니다.

✎ _____

✎ _____

その 그~
眼鏡 めがね 안경
父 ちち (나의) 아버지

저 차는 하야시 씨의 것입니다.

✎ _____

✎ _____

あの 저~
車 くるま 차, 자동차

그것은 저의 것이 아닙니다.

✎ _____

✎ _____

それ 그것

27

~が~です。

~이(가) ~입니다.

 3번 듣고 일본어 따라 써 보기

029

이것이 저의 것입니다.

これが私(わたし)のです。

030

그쪽이 출구입니다.

そちらが出口(でぐち)です。

031

저 빌딩이 은행입니다.

あのビルが銀行(ぎんこう)です。

032

어느 것이 스즈키 씨의 가방입니까?

どれが鈴木(すずき)さんのかばんですか。

조사 ～が는 우리말과 비슷하게 '～이(가)'라는 뜻으로, 주어를 가리킬 때 씁니다.

🔊 우리말을 일본어로 2번 쓰고 말해 보기 | 단어

이것이 저의 것입니다.

✎ _____

✎ _____

これ 이것
～の ~의 것

그쪽이 출구입니다.

✎ _____

✎ _____

そちら 그쪽
出口でぐち 출구

저 빌딩이 은행입니다.

✎ _____

✎ _____

あの 저~
ビル 빌딩
銀行ぎんこう 은행

어느 것이 스즈키 씨의 가방입니까?

✎ _____

✎ _____

どれ 어느 것
かばん 가방

패턴 4

~も~です。

~도 ~입니다.

🎧 MP3 009

 3번 듣고 일본어 따라 써 보기

🎧 **033**
 ✓○○

그것도 저의 책입니다.

それも<ruby>私<rt>わたし</rt></ruby>の<ruby>本<rt>ほん</rt></ruby>です。

🎧 **034**
✓○○

다카하시 씨도 고등학생입니다.

<ruby>高橋<rt>たか はし</rt></ruby>さんも<ruby>高校生<rt>こう こう せい</rt></ruby>です。

🎧 **035**
 ✓○○

저의 남자 친구도 일본인입니다.

<ruby>私<rt>わたし</rt></ruby>の<ruby>彼氏<rt>かれ し</rt></ruby>も<ruby>日本人<rt>に ほん じん</rt></ruby>です。

🎧 **036**
✓○○

내일도 맑음입니다.

<ruby>明日<rt>あした</rt></ruby>も<ruby>晴<rt>は</rt></ruby>れです。

조사 ~も는 '~도'라는 뜻으로, 대상에 같은 요소가 있을 경우 공통점을 강조할 때 씁니다.

🔊 우리말을 일본어로 2번 쓰고 말해 보기   단어

그것도 저의 책입니다.

✎ _____

✎ _____

それ 그것
本ほん 책

다카하시 씨도 고등학생입니다.

✎ _____

✎ _____

高校生こうこうせい
고등학생

저의 남자 친구도 일본인입니다.

✎ _____

✎ _____

彼氏かれし 남자 친구
日本人にほんじん 일본인

내일도 맑음입니다.

✎ _____

✎ _____

明日あした 내일
晴はれ 맑음, 갬

~で~です。

~이고/이며/이자 ~입니다.

🎧 MP3 010

3번 듣고 일본어 따라 써 보기

037

저는 25살이고 한국인입니다.

私は25才で韓国人です。

✏️

038

이쪽은 저의 여동생이며 중학생입니다.

こちらは私の妹で中学生です。

✏️

039

그 남자의 여자 친구는 가수이자 모델입니다.

彼の彼女は歌手でモデルです。

✏️

040

오늘은 월요일이고 공휴일입니다.

今日は月曜日で祝日です。

✏️

조사 ~で는 '~이고', '~이며', '~이자'라는 뜻으로, 명사와 명사를 연결할 때 씁니다.

| 우리말을 일본어로 2번 쓰고 말해 보기 | 단어 |

저는 25살이고 한국인입니다.

✎ _____

✎ _____

~才さい ~살, ~세
韓国人かんこくじん
한국인

이쪽은 저의 여동생이며 중학생입니다.

✎ _____

✎ _____

こちら 이쪽
妹いもうと (나의) 여동생
中学生ちゅうがくせい
중학생

그 남자의 여자 친구는 가수이자 모델입니다.

✎ _____

✎ _____

彼かれ 그 남자, 그
彼女かのじょ 여자 친구,
그 여자, 그녀
歌手かしゅ 가수
モデル 모델

오늘은 월요일이고 공휴일입니다.

✎ _____

✎ _____

今日きょう 오늘
月曜日げつようび 월요일
祝日しゅくじつ 공휴일

핵심 패턴 체크하기

🔊
저의 노트입니다.

🔊
영어 선생님입니다.

🔊
그 안경은 아버지의 것입니다.

🔊
그것은 저의 것이 아닙니다.

🔊
그쪽이 출구입니다.

🔊
저 빌딩이 은행입니다.

🔊
저의 남자 친구도 일본인입니다.

🔊
내일도 맑음입니다.

🔊
이쪽은 저의 여동생이며
중학생입니다.

🔊
그 남자의 여자 친구는 가수이자
모델입니다.

CHAPTER

03 의문 표현 만들기

'무엇', '언제', '어디', '누구', '얼마' 등 일본어의 다양한 의문사를 활용하여 여러 가지 의문 표현을 만들 수 있습니다.

패턴1 ~は何^{なん}ですか。	041 - 044
패턴2 ~はいつですか。	045 - 048
패턴3 ~はどこですか。	049 - 052
패턴4 ~は誰^{だれ}ですか。	053 - 056
패턴5 ~はいくらですか。	057 - 060

~は<ruby>何<rt>なん</rt></ruby>ですか。

~은(는) 무엇입니까?

🎧 MP3 011

 3번 듣고 일본어 따라 써 보기

 041

이것은 무엇입니까?

これは<ruby>何<rt>なん</rt></ruby>ですか。

042

비밀번호는 무엇입니까?

パスワードは<ruby>何<rt>なん</rt></ruby>ですか。

043

성함은 무엇입니까?

お<ruby>名前<rt>な まえ</rt></ruby>は<ruby>何<rt>なん</rt></ruby>ですか。

044

(하시는) 일은 무엇입니까?

お<ruby>仕事<rt>し ごと</rt></ruby>は<ruby>何<rt>なん</rt></ruby>ですか。

'무엇입니까?'라는 질문을 할 때는 何ですか라고 합니다. 何는 なん 또는 なに로 읽는데 '무엇이'라고 할 때는 なに로 읽고 조사 ~が를 연결해 '何が'라고 합니다.

🔊 우리말을 일본어로 2번 쓰고 말해 보기

단어

이것은 무엇입니까?

✎ _____

✎ _____

これ 이것

비밀번호는 무엇입니까?

✎ _____

✎ _____

パスワード 비밀번호

성함은 무엇입니까?

✎ _____

✎ _____

お名前なまえ 성함, 이름

(하시는) 일은 무엇입니까?

✎ _____

✎ _____

お仕事しごと (하시는) 일, 직업

패턴 2

~はいつですか。

🎧 MP3 012

~은(는) 언제입니까?

🔊👂 **3번 듣고 일본어 따라 써 보기**

🎧 **045**
✓○○

여름 방학은 언제입니까?

<ruby>夏休<rt>なつやす</rt></ruby>みはいつですか。

✏️ _____

🎧 **046**
✓○○

중간고사는 언제입니까?

<ruby>中間<rt>ちゅうかん</rt></ruby>テストはいつですか。

✏️ _____

🎧 **047**
✓○○

생신은 언제입니까?

お<ruby>誕生日<rt>たんじょうび</rt></ruby>はいつですか。

✏️ _____

🎧 **048**
✓○○

결혼기념일은 언제입니까?

<ruby>結婚記念日<rt>けっこんきねんび</rt></ruby>はいつですか。

✏️ _____

38

날짜나 시간을 물을 때 '언제입니까?'라는 질문은 いつですか라고 합니다. 구체적으로 시각을 묻고 싶을 때는
'何時何分ですか(몇 시 몇 분입니까?)', '何時ですか(몇 시입니까?)', '何分ですか(몇 분입니까?)' 등으로 말하
면 됩니다.

| 🔊 우리말을 일본어로 2번 쓰고 말해 보기 | 단어 |

여름 방학은 언제입니까?

✎ _____

✎ _____

夏休なつやす**み** 여름 방학,
여름 휴가

중간고사는 언제입니까?

✎ _____

✎ _____

中間ちゅうかん**テスト**
중간고사

생신은 언제입니까?

✎ _____

✎ _____

お誕生日たんじょうび
생신, 생일

결혼기념일은 언제입니까?

✎ _____

✎ _____

結婚記念日けっこんき
ねんび 결혼기념일

패턴 3 ~はどこですか。

~은(는) 어디입니까?

 3번 듣고 일본어 따라 써 보기

🎧 **049**

교실은 어디입니까?

きょうしつ
教室はどこですか。

🎧 **050**

화장실은 어디입니까?

トイレはどこですか。

🎧 **051**

동쪽 출구는 어디입니까?

ひがしぐち
東口はどこですか。

🎧 **052**

관광안내소는 어디입니까?

かんこうあんないじょ
観光案内所はどこですか。

40

'어디입니까?'라고 장소를 물을 때는 どこですか라고 합니다. 또한 방향을 물을 때는 'どちらですか(어느 쪽입니까?)'라고 하면 됩니다.

🔊 우리말을 일본어로 2번 쓰고 말해 보기

단어

교실은 어디입니까?

✎ _____

✎ _____

教室きょうしつ 교실

화장실은 어디입니까?

✎ _____

✎ _____

トイレ 화장실

동쪽 출구는 어디입니까?

✎ _____

✎ _____

東口ひがしぐち 동쪽 출구

관광안내소는 어디입니까?

✎ _____

✎ _____

観光案内所かんこう
あんないじょ 관광안내소

패턴 4 ~は 誰ですか。

~은(는) 누구입니까?

🎧 MP3 014

 3번 듣고 일본어 따라 써 보기

053

저 사람은 누구입니까?

あの人は誰ですか。

054

이토 씨는 누구입니까?

伊藤さんは誰ですか。

055

주인공은 누구입니까?

主人公は誰ですか。

056

여자 친구는 누구입니까?

彼女は誰ですか。

42

'누구입니까?'라고 대상 등 인물을 물을 때는 誰ですか라고 합니다. '누구'를 뜻하는 誰보다 상대를 높인 표현인 'どなた(어느 분)'를 사용하면 'どなたですか(누구십니까?)'라는 정중한 표현이 됩니다.

🔊 우리말을 일본어로 2번 쓰고 말해 보기

단어

저 사람은 누구입니까?

✎ _____

✎ _____

あの 저~
人ひと 사람

이토 씨는 누구입니까?

✎ _____

✎ _____

~さん ~씨

주인공은 누구입니까?

✎ _____

✎ _____

主人公しゅじんこう
주인공

여자 친구는 누구입니까?

✎ _____

✎ _____

彼女かのじょ 여자 친구,
그 여자, 그녀

43

MP3 015

~はいくらですか。

~은(는) 얼마입니까?

 3번 듣고 일본어 따라 써 보기

이것은 얼마입니까?

057

これはいくらですか。

세트 메뉴는 얼마입니까?

058

セットメニューはいくらですか。

요금은 얼마입니까?

059

りょう きん
料金はいくらですか。

잔업 수당은 얼마입니까?

060

ざん ぎょう て あて
残業手当はいくらですか。

'얼마입니까?'라고 값을 물을 때는 いくらですか라고 합니다. 여행을 가서 쇼핑을 하고 계산을 할 때 유용하게 쓰는 표현입니다.

🔊 우리말을 일본어로 2번 쓰고 말해 보기

이것은 얼마입니까?

✎ _____

✎ _____

これ 이것

세트 메뉴는 얼마입니까?

✎ _____

✎ _____

セットメニュー 세트 메뉴

요금은 얼마입니까?

✎ _____

✎ _____

料金りょうきん 요금

잔업 수당은 얼마입니까?

✎ _____

✎ _____

残業ざんぎょう 잔업, 야근
手当てあて 수당

45

핵심 패턴 체크하기

☑ 중요 일본어 문장을 다시 말하면서 써 보세요.

🔊
이것은 무엇입니까?

🔊
성함은 무엇입니까?

🔊
여름 방학은 언제입니까?

🔊
생신은 언제입니까?

🔊
화장실은 어디입니까?

🔊
동쪽 출구는 어디입니까?

🔊
저 사람은 누구입니까?

🔊
주인공은 누구입니까?

🔊
세트 메뉴는 얼마입니까?

🔊
요금은 얼마입니까?

CHAPTER

04

い형용사 활용하기

061-080

명사를 수식하거나 상태를 설명할 때 사용되는 일본어의 형용사를 알아봅시다. 그중 い형용사의 명사 수식형, 긍정형, 부정형, 과거 긍정형, 과거 부정형을 써 봅시다.

~い~です。

~한 ~입니다.

🎧 MP3 016

3번 듣고 일본어 따라 써 보기

🎧 061
✓○○

싼 지갑입니다.

安^{やす}い 財布^{さいふ}です。

✏

🎧 062
✓○○

아름다운 경치입니다.

美^{うつく}しい 景色^{けしき}です。

✏

🎧 063
✓○○

추운 계절입니다.

寒^{さむ}い 季節^{きせつ}です。

✏

🎧 064
✓○○

좋은 날씨입니다.

いい 天気^{てんき}です。

✏

일본어의 형용사에는 두 종류가 있는데, 그중 끝이 ～い로 끝나는 형용사를 い형용사라고 합니다. い형용사의 기본형은 '～い(～하다)'이며 명사를 수식할 때도 그대로 '～い(～한)'입니다.

우리말을 일본어로 2번 쓰고 말해 보기

단어

싼 지갑입니다.

✎ _____

✎ _____

安ゃす**い** 싸다
財布さいふ 지갑

아름다운 경치입니다.

✎ _____

✎ _____

美うつく**しい** 아름답다
景色けしき 경치

추운 계절입니다.

✎ _____

✎ _____

寒さむ**い** 춥다
季節きせつ 계절

좋은 날씨입니다.

✎ _____

✎ _____

いい 좋다
天気てんき 날씨

~いです。

~합니다.

 MP3 017

 3번 듣고 일본어 따라 써 보기

065

오늘은 바쁩니다.

きょう いそが
今日は忙しいです。

✏

066

역은 가깝습니다.

えき ちか
駅は近いです。

✏

067

길이 좁습니다.

みち せま
道が狭いです。

✏

068

일본의 봄도 따뜻합니다.

に ほん はる あたた
日本の春も暖かいです。

✏

い형용사는 명사를 수식할 때와 마찬가지로 상태를 설명할 때 형태를 바꾸지 않고 그대로 씁니다. ～い라고만 하면 '～하다'와 같은 반말이며, い 뒤에 です를 붙이면 '～합니다'라는 존댓말이 됩니다.

🔊 우리말을 일본어로 2번 쓰고 말해 보기

| 단어 |

오늘은 바쁩니다.

✎ _____

✎ _____

今日きょう 오늘
忙いそがしい 바쁘다

역은 가깝습니다.

✎ _____

✎ _____

駅えき 역
近ちかい 가깝다

길이 좁습니다.

✎ _____

✎ _____

道みち 길
狭せまい 좁다

일본의 봄도 따뜻합니다.

✎ _____

✎ _____

日本にほん 일본
春はる 봄
暖あたたかい (기후가)
따뜻하다

51

~くありません。

~하지 않습니다.

3번 듣고 일본어 따라 써 보기

069

이 커피는 따뜻하지 않습니다.

このコーヒーは温_{あたた}かくありません。

070

이 요금이 비싸지 않습니다.

料金_{りょうきん}が高_{たか}くありません。

071

몸 상태가 좋지 않습니다.

体_{からだ}の具合_{ぐあい}がよくありません。

072

이 짐은 무겁지 않습니다.

この荷物_{にもつ}は重_{おも}くないです。

い형용사 말끝의 ~い를 く ありません으로 바꾸면 '~하지 않습니다'라는 부정형이 됩니다. 또한 ありません은 ないです라고 바꿔 말할 수 있습니다. 반말로는 '~く ない(~하지 않다)'라고 합니다. 예외로, 'いい(좋다)'는 い를 よ로 바꾸어 いく ありません이 아니라 'よく ありません(좋지 않습니다)'이라고 해야 합니다.

🔊 우리말을 일본어로 2번 쓰고 말해 보기

단어

이 커피는 따뜻하지 않습니다.

✎ _____

✎ _____

この 이~
コーヒー 커피
温あたた**かい** 따뜻하다

요금이 비싸지 않습니다.

✎ _____

✎ _____

料金りょうきん 요금
高たか**い** 비싸다, 높다

몸 상태가 좋지 않습니다.

✎ _____

✎ _____

体からだ 몸
具合ぐあい 상태, 컨디션
いい 좋다

이 짐은 무겁지 않습니다.

✎ _____

✎ _____

荷物にもつ 짐
重おも**い** 무겁다

53

🎧 MP3 019

~かったです。

~했습니다.

 3번 듣고 일본어 따라 써 보기

073

우동이 맛있었습니다.

うどんがおいしかったです。

074

기말고사는 어려웠습니다.

期末テストは難しかったです。
<ruby>期末<rt>き まつ</rt></ruby> <ruby>難<rt>むずか</rt></ruby>

✏

075

차가 뜨거웠습니다.

お茶が熱かったです。
<ruby>茶<rt>ちゃ</rt></ruby> <ruby>熱<rt>あつ</rt></ruby>

✏

076

여행은 즐거웠습니다.

旅行は楽しかったです。
<ruby>旅行<rt>りょ こう</rt></ruby> <ruby>楽<rt>たの</rt></ruby>

✏

い형용사 말끝의 ～い를 かったです로 바꾸면 '～했습니다'라는 과거 긍정형이 됩니다. ～いでした와 같이 활용하지 않도록 주의해야 합니다. 반말로는 '～かった(～했다)'라고 합니다. 예외로, 'いい(좋다)'는 いかったです가 아니라 'よかったです(좋았습니다)'라고 하는 것에 주의합니다.

🗣 우리말을 일본어로 2번 쓰고 말해 보기

단어

우동이 맛있었습니다.

✎ _____

✎ _____

うどん 우동
おいしい 맛있다

기말고사는 어려웠습니다.

✎ _____

✎ _____

期末きまつテスト 기말고사
難むずかしい 어렵다

차가 뜨거웠습니다.

✎ _____

✎ _____

お茶ちゃ 차
熱あつい 뜨겁다

여행은 즐거웠습니다.

✎ _____

✎ _____

旅行りょこう 여행
楽たのしい 즐겁다

패턴 5

~くありませんでした。

~하지 않았습니다.

MP3 020

🎧 3번 듣고 일본어 따라 써 보기

077

저 휴대 전화는 가볍지 않았습니다.

あのケータイは軽^{かる}くありませんでした。

078

이 김치는 맵지 않았습니다.

このキムチは辛^{から}くありませんでした。

079

맥주가 차갑지 않았습니다.

ビールが冷^{つめ}たくありませんでした。

080

그 영화는 재미있지 않았습니다.

その映画^{えいが}は面白^{おもしろ}くなかったです。

56

い형용사 말끝의 ～い를 く ありませんでした로 바꾸면 '～하지 않았습니다'라는 과거 부정형이 됩니다. 회화체로 ～く なかったです라고도 쓸 수 있습니다. 반말로는 '～く なかった(～하지 않았다)'라고 합니다.

🔊 우리말을 일본어로 2번 쓰고 말해 보기

단어

저 휴대 전화는 가볍지 않았습니다.

✏️ _____

✏️ _____

あの 저~
ケータイ 휴대 전화
軽かる**い** 가볍다

이 김치는 맵지 않았습니다.

✏️ _____

✏️ _____

キムチ 김치
辛から**い** 맵다

맥주가 차갑지 않았습니다.

✏️ _____

✏️ _____

ビール 맥주
冷つめ**たい** 차갑다

그 영화는 재미있지 않았습니다.

✏️ _____

✏️ _____

その 그~
映画えいが 영화
面白おもしろ**い** 재미있다

핵심 패턴 체크하기

☑ 중요 일본어 문장을 다시 말하면서 써 보세요.

🔊
아름다운 경치입니다.

🔊
좋은 날씨입니다.

🔊
역은 가깝습니다.

🔊
길이 좁습니다.

🔊
요금이 비싸지 않습니다.

🔊
몸 상태가 좋지 않습니다.

🔊
우동이 맛있었습니다.

🔊
여행은 즐거웠습니다.

🔊
이 김치는 맵지 않았습니다.

🔊
맥주가 차갑지 않았습니다.

CHAPTER

05

な형용사 활용하기

081-100

일본어의 형용사 중 또 다른 형용사인 な형용사에 대해 알아봅니다. な형용사의 명사 수식형, 긍정형, 부정형, 과거 긍정형, 과거 부정형을 써 봅시다.

~な~です。

~한 ~입니다.

 3번 듣고 일본어 따라 써 보기

081

예쁜 꽃입니다.

きれいな花です。

_____

082

좋아하는 노래입니다.

好きな歌です。

_____

083

소중한 추억입니다.

大切な思い出です。

_____

084

똑같은 유니폼입니다.

同じユニホームです。

_____

일본어의 형용사에는 두 종류가 있는데, 그중 명사를 ~나로 수식하는 형용사를 な형용사라고 합니다. な형용사의 기본형은 '~だ(~하다)'인데, 명사를 수식할 때 말끝의 ~だ를 ~な로 바꿉니다. 예외로, な형용사 중 '同じだ(똑같다)'의 경우 同じな가 아니라 '同じ(똑같은)'라고 수식합니다.

🔊 우리말을 일본어로 2번 쓰고 말해 보기 | 단어

예쁜 꽃입니다.

✎ _____

✎ _____

> きれいだ 예쁘다, 깨끗하다
> 花はな 꽃

좋아하는 노래입니다.

✎ _____

✎ _____

> 好すきだ 좋아하다
> 歌うた 노래

소중한 추억입니다.

✎ _____

✎ _____

> 大切たいせつだ 소중하다, 중요하다
> 思おもい出で 추억

똑같은 유니폼입니다.

✎ _____

✎ _____

> 同おなじだ 똑같다
> ユニホーム 유니폼

61

~です。

~합니다.

 3번 듣고 일본어 따라 써 보기

085
☑○○

그것은 무리입니다.

それは無理です。

_____

086
☑○○

선생님은 훌륭합니다.

先生は立派です。

_____

087
☑○○

점원이 불친절합니다.

店員が不親切です。

_____

088
☑○○

수학도 서투릅니다.

数学も苦手です。

_____

62

な형용사의 기본형이자 긍정형은 명사문과 마찬가지로 반말은 '～だ(～하다)', 존댓말은 '～です(～합니다)'라고 합니다.

| 단어

그것은 무리입니다.

✏️ _____

✏️ _____

それ 그것
無理むりだ 무리이다

선생님은 훌륭합니다.

✏️ _____

✏️ _____

先生せんせい 선생님
立派りっぱだ 훌륭하다

점원이 불친절합니다.

✏️ _____

✏️ _____

店員てんいん 점원
不親切ふしんせつだ 불친절하다

수학도 서투릅니다.

✏️ _____

✏️ _____

数学すうがく 수학
苦手にがてだ 서투르다

63

패턴 3

🎧 MP3 023

～ではありません。

～하지 않습니다.

 3번 듣고 일본어 따라 써 보기

089

이곳은 안전하지 않습니다.

ここは安全ではありません。

090

전철은 불편하지 않습니다.

電車は不便ではありません。

091

몸이 건강하지 않습니다.

体が健康ではないです。

092

이 반은 조용하지 않습니다.

このクラスは静かじゃないです。

64

な형용사 말끝의 ~だ를 では ありません으로 바꾸면 '~하지 않습니다'라는 부정형이 됩니다. 또한 ~では는 회화체로 ~じゃ라고 줄여서 말할 수 있고, ありません은 ないです로 바꿔 말할 수 있습니다. 반말로는 '~では ない, ~じゃ ない(~하지 않다)'라고 합니다.

이곳은 안전하지 않습니다.

✎ _____

✎ _____

ここ 이곳, 여기
安全あんぜん**だ** 안전하다

전철은 불편하지 않습니다.

✎ _____

✎ _____

電車でんしゃ 전철
不便ふべん**だ** 불편하다

몸이 건강하지 않습니다.

✎ _____

✎ _____

体からだ 몸
健康けんこう**だ** 건강하다

이 반은 조용하지 않습니다.

✎ _____

✎ _____

クラス 반, 학급
静しず**かだ** 조용하다

65

~でした。

~했습니다.

🎧 MP3 024

🎧
093
✓○○

어제는 힘들었습니다.

昨日は大変でした。
<small>きのう</small> <small>たい へん</small>

✏️

🎧
094
✓○○

이 침대는 편했습니다.

このベッドは楽でした。
<small>らく</small>

✏️

🎧
095
✓○○

축제는 떠들썩했습니다.

祭りは賑やかでした。
<small>まつ</small> <small>にぎ</small>

✏️

🎧
096
✓○○

웃는 얼굴이 근사했습니다.

笑顔が素敵でした。
<small>え がお</small> <small>す てき</small>

✏️

な형용사 말끝의 ～だ를 でした로 바꾸면 '～했습니다'라는 과거 긍정형이 됩니다. 반말로는 '～だった(～했다)'라고 합니다.

🔊 **우리말을 일본어로 2번 쓰고 말해 보기** | **단어**

어제는 힘들었습니다.

✎ _____

✎ _____

昨日きのう 어제
大変たいへん**だ** 힘들다,
큰일이다

이 침대는 편했습니다.

✎ _____

✎ _____

ベッド 침대
楽らく**だ** 편하다

축제는 떠들썩했습니다.

✎ _____

✎ _____

祭まつり 축제
賑にぎ**やかだ** 떠들썩
하다

웃는 얼굴이 근사했습니다.

✎ _____

✎ _____

笑顔えがお 웃는 얼굴
素敵すてき**だ** 근사하다,
멋있다

67

~ではありませんでした。

~하지 않았습니다.

 3번 듣고 일본어 따라 써 보기

097

한자는 간단하지 않았습니다.
漢字は簡単ではありませんでした。

098

시간이 충분하지 않았습니다.
時間が十分ではありませんでした。

099

와타나베 씨는 인색하지 않았습니다.
渡辺さんはけちではなかったです。

100

이 일은 위험하지 않았습니다.
この仕事は危険じゃなかったです。

な형용사 말끝의 ～だ를 では ありませんでした로 바꾸면 '～하지 않았습니다'라는 과거 부정형이 됩니다. ～では는 회화체로 ～じゃ라고 줄여서 말할 수 있고 ありませんでした는 なかったです라고도 쓸 수 있습니다. 반말로는 '～では なかった, ～じゃ なかった(～하지 않았다)'라고 합니다.

한자는 간단하지 않았습니다.

✎ _____

✎ _____

漢字かんじ 한자
簡単かんたん**だ** 간단하다

시간이 충분하지 않았습니다.

✎ _____

✎ _____

時間じかん 시간
十分じゅうぶん**だ** 충분하다

와타나베 씨는 인색하지 않았습니다.

✎ _____

✎ _____

けちだ 인색하다, 쩨쩨하다

이 일은 위험하지 않았습니다.

✎ _____

✎ _____

仕事しごと 일
危険きけん**だ** 위험하다

69

핵심 패턴 체크하기

☑ 중요 일본어 문장을 다시 말하면서 써 보세요.

🔊
좋아하는 노래입니다.

🔊
똑같은 유니폼입니다.

🔊
선생님은 훌륭합니다.

🔊
점원이 불친절합니다.

🔊
이곳은 안전하지 않습니다.

🔊
전철은 불편하지 않습니다.

🔊
축제는 떠들썩했습니다.

🔊
웃는 얼굴이 근사했습니다.

🔊
한자는 간단하지 않았습니다.

🔊
이 일은 위험하지 않았습니다.

CHAPTER

06

형용사 문장 만들기 (1)

형용사를 활용해서 여러 가지 상태 표현을 만들 수 있습니다. 또한 조사 ~が로 순접이나 역접, ~から로 이유 등을 나타낼 수 있습니다.

패턴 1

🎧 MP3 026

~はどうですか。

~은(는) 어떻습니까?

🔊 **3번 듣고 일본어 따라 써 보기**

101

맛은 어떻습니까?

味_{あじ}はどうですか。

102

영어 수업은 어떻습니까?

英語_{えいご}の授業_{じゅぎょう}はどうですか。

103

그 남자의 성격은 어떻습니까?

彼_{かれ}の性格_{せいかく}はどうですか。

104

새 스마트폰은 어떻습니까?

新_{あたら}しいスマホはどうですか。

72

'어떻습니까?'라고 사물의 상태나 상대방의 의견 및 생각을 물을 때는 どうですか라고 합니다. 더 정중한 표현으로는 いかがですか가 있는데 이는 '어떠십니까?'라는 뜻으로, 서비스 현장에서 직원이나 점원 등이 자주 사용하는 것을 들을 수 있습니다.

🔊 우리말을 일본어로 2번 쓰고 말해 보기

단어

맛은 어떻습니까?

🖉 _____

🖉 _____

味あじ 맛

영어 수업은 어떻습니까?

🖉 _____

🖉 _____

英語えいご 영어
授業じゅぎょう 수업

그 남자의 성격은 어떻습니까?

🖉 _____

🖉 _____

彼かれ 그 남자, 그
性格せいかく 성격

새 스마트폰은 어떻습니까?

🖉 _____

🖉 _____

新あたら**しい** 새롭다
スマホ 스마트폰

73

とても～です。

매우 ~합니다.

🎧 MP3 027

🎧
105

매우 맛있습니다.

とてもおいしいです。

✏

🎧
106

매우 어렵습니다.

とても<ruby>難<rt>むずか</rt></ruby>しいです。

✏

🎧
107

매우 성실합니다.

とても<ruby>真面目<rt>ま じ め</rt></ruby>です。

✏

🎧
108

매우 편리합니다.

とても<ruby>便利<rt>べん り</rt></ruby>です。

✏

74

とても는 '매우, 몹시'라는 뜻의 부사로, 뒤에 오는 형용사를 꾸며 줄 수 있습니다. 비슷한 표현으로 '大変(대단히)', 'すごく(굉장히)' 등이 있습니다.

우리말을 일본어로 2번 쓰고 말해 보기

단어

매우 맛있습니다.

🖉 _____

🖉 _____

おいしい 맛있다

매우 어렵습니다.

🖉 _____

🖉 _____

難むずか**しい** 어렵다

매우 성실합니다.

🖉 _____

🖉 _____

真面目まじめ**だ**
성실하다, 부지런하다

매우 편리합니다.

🖉 _____

🖉 _____

便利べんり**だ** 편리하다

패턴
3

あまり〜ありません。

🎧 MP3 028

그다지 ～하지 않습니다.

 3번 듣고 일본어 따라 써 보기

109

그다지 짜지 않습니다.

あまり塩辛^{しお から}くありません。

110

그다지 지루하지 않습니다.

あまり退屈^{たい くつ}ではありません。

111

그다지 상냥하지 않습니다.

あまり優^{やさ}しくありません。

112

그다지 튼튼하지 않습니다.

あまり丈夫^{じょう ぶ}ではありません。

あまりは '그다지, 별로'라는 뜻의 부사로, 뒤의 형용사를 꾸며줄 수 있습니다. 다만 뒤에는 '〜하지 않다'라는 부정문이 옵니다.

우리말을 일본어로 2번 쓰고 말해 보기

| 단어 |

그다지 짜지 않습니다.

✎ _____

✎ _____

塩辛しおからい 짜다

그다지 지루하지 않습니다.

✎ _____

✎ _____

退屈たいくつだ 지루하다

그다지 상냥하지 않습니다.

✎ _____

✎ _____

優やさしい 상냥하다

그다지 튼튼하지 않습니다.

✎ _____

✎ _____

丈夫じょうぶだ 튼튼하다

🎧 MP3 029

~が、~です。

~하지만 ~합니다.

🔊 3번 듣고 일본어 따라 써 보기

113

이 가방은 크지만 가볍습니다.

このかばんは大_{おお}きいですが、軽_{かる}いです。

✏

114

이 영화는 무섭지만 재미있습니다.

この映画_{えいが}は怖_{こわ}いですが、面白_{おもしろ}いです。

✏

115

택시는 편리하지만 비쌉니다.

タクシーは便利_{べんり}ですが、高_{たか}いです。

✏

116

축구는 좋아하지만 잘 못합니다.

サッカーは好_すきですけど、下手_{へた}です。

✏

~が는 '~하지만'이라는 뜻으로 말끝에 접속하여 앞뒤 말의 순접이나 역접을 나타냅니다. 비슷한 표현의 ~けど 는 회화에서 주로 쓰입니다.

🔊 우리말을 일본어로 2번 쓰고 말해 보기

| 단어 |

이 가방은 크지만 가볍습니다.

✎ _____

✎ _____

かばん 가방
大おおきい 크다
軽かるい 가볍다

이 영화는 무섭지만 재미있습니다.

✎ _____

✎ _____

映画えいが 영화
怖こわい 무섭다
面白おもしろい 재미있다

택시는 편리하지만 비쌉니다.

✎ _____

✎ _____

タクシー 택시
便利べんりだ 편리하다
高たかい 비싸다, 높다

축구는 좋아하지만 잘 못합니다.

✎ _____

✎ _____

サッカー 축구
好すきだ 좋아하다
下手へただ 잘 못하다,
서투르다

79

~から、~です。

~하기 때문에 ~합니다.

🎧 MP3 030

🎧 **117** ✓○○

이 케이크는 달기 때문에 맛있습니다.

このケーキは甘^{あま}いから、おいしいです。

✏️

🎧 **118** ✓○○

사토 씨는 젊기 때문에 몸이 튼튼합니다.

佐藤^{さ とう}さんは若^{わか}いから、体^{からだ}が丈夫^{じょう ぶ}です。

✏️

🎧 **119** ✓○○

중국어는 어렵기 때문에 저에게는 무리입니다.

中国語^{ちゅう ごく ご}は難^{むずか}しいから、私^{わたし}には無理^{む り}です。

✏️

🎧 **120** ✓○○

이 버스 노선은 복잡하기 때문에 불편합니다.

このバス路線^{ろ せん}は複雑^{ふく ざつ}なので、不便^{ふ べん}です。

✏️

~からは '~하기 때문에, ~해서'라는 뜻으로 말끝에 접속하여 이유를 나타냅니다. 비슷한 표현의 ~のでは 좀 더 객관적인 이유를 나타낼 때 사용하는데, 명사의 경우 명사에 ~な를 붙이고, な형용사는 말끝의 ~だ를 な로 바꾸어 ~なので라고 접속합니다.

단어

이 케이크는 달기 때문에 맛있습니다.

✎ _____

✎ _____

ケーキ 케이크
甘あまい 달다
おいしい 맛있다

사토 씨는 젊기 때문에 몸이 튼튼합니다.

✎ _____

✎ _____

若わかい 젊다
体からだ 몸
丈夫じょうぶだ 튼튼하다

중국어는 어렵기 때문에 저에게는 무리입니다.

✎ _____

✎ _____

中国語ちゅうごくご 중국어
難むずかしい 어렵다
私わたしには 나에게는
無理むりだ 무리이다

이 버스 노선은 복잡하기 때문에 불편합니다.

✎ _____

✎ _____

バス路線ろせん 버스 노선
複雑ふくざつだ 복잡하다
不便ふべんだ 불편하다

81

핵심 패턴 체크하기

☑ 중요 일본어 문장을 다시 말하면서 써 보세요.

🔊
영어 수업은 어떻습니까?

🔊
새 스마트폰은 어떻습니까?

🔊
매우 맛있습니다.

🔊
매우 성실합니다.

🔊
그다지 지루하지 않습니다.

🔊
그다지 상냥하지 않습니다.

🔊
이 영화는 무섭지만 재미있습니다.

🔊
축구는 좋아하지만 잘 못합니다.

🔊
중국어는 어렵기 때문에 저에게는
무리입니다.

🔊
이 버스 노선은 복잡하기 때문에
불편합니다.

CHAPTER
07
형용사 문장 만들기 (2)

い형용사와 な형용사의 연결형을 익혀 봅시다. 그리고 A와 B를 비교하거나 최상급 표현을 익혀 사물 등의 상태를 표현할 수 있습니다.

패턴 1

～くて～です。

～하고/해서 ～합니다.

🎧 MP3 031

 3번 듣고 일본어 따라 써 보기

121

이 빵은 크고 딱딱합니다.

このパンは大（おお）きくて硬（かた）いです。

122

그 방은 어둡고 춥습니다.

その部屋（へや）は暗（くら）くて寒（さむ）いです。

123

저 아이는 작고 귀엽습니다.

あの子（こ）は小（ちい）さくてかわいいです。

124

이 전철은 낡아서 느립니다.

この電車（でんしゃ）は古（ふる）くて遅（おそ）いです。

い형용사 말끝의 ~い를 くて로 바꾸면 '~하고, ~해서'라고 뒤의 문장을 연결하거나 이유를 나타낼 수 있습니다.

단어

이 빵은 크고 딱딱합니다.

✏ _____

✏ _____

パン 빵
大ぉぉきい 크다
硬かたい 딱딱하다, 단단하다

그 방은 어둡고 춥습니다.

✏ _____

✏ _____

部屋へや 방
暗くらい 어둡다
寒さむい 춥다

저 아이는 작고 귀엽습니다.

✏ _____

✏ _____

子こ 아이
小ちいさい 작다
かわいい 귀엽다

이 전철은 낡아서 느립니다.

✏ _____

✏ _____

電車でんしゃ 전철
古ふるい 낡다, 오래되다
遅ぉそい 느리다

85

패턴 2

~で~です。

~하고/해서 ~합니다.

3번 듣고 일본어 따라 써 보기

125

남자 친구는 성실하고 잘생겼습니다.

<ruby>彼氏<rt>かれし</rt></ruby>は<ruby>真面目<rt>まじめ</rt></ruby>でハンサムです。

126

이 거리는 조용하고 깨끗합니다.

この<ruby>街<rt>まち</rt></ruby>は<ruby>静<rt>しず</rt></ruby>かできれいです。

127

요즘 한가하고 편합니다.

このごろ、<ruby>暇<rt>ひま</rt></ruby>で<ruby>楽<rt>らく</rt></ruby>です。

128

수영을 잘 못해서 걱정입니다.

<ruby>水泳<rt>すいえい</rt></ruby>が<ruby>下手<rt>へた</rt></ruby>で<ruby>心配<rt>しんぱい</rt></ruby>です。

TIP

'<ruby>好<rt>す</rt></ruby>きだ(좋아하다)', '<ruby>上手<rt>じょうず</rt></ruby>だ(잘하다)', '<ruby>下手<rt>へた</rt></ruby>だ(잘 못하다)', '<ruby>得意<rt>とくい</rt></ruby>だ(자신 있다)', '<ruby>苦手<rt>にがて</rt></ruby>だ(서투르다)' 등은 앞에 조사 ～が 가 오는데 이때 해석은 '～이(가)'가 아니라 '～을(를)'이라고 합니다.

な형용사 말끝의 〜だ를 で로 바꾸면 '〜하고, 〜해서'라고 뒤의 문장을 연결하거나 이유를 나타낼 수 있습니다.

🔊 우리말을 일본어로 2번 쓰고 말해 보기

단어

남자 친구는 성실하고 잘생겼습니다.

✎ _____

✎ _____

彼氏かれし 남자 친구
真面目まじめ**だ**
성실하다, 부지런하다
ハンサムだ 잘생기다

이 거리는 조용하고 깨끗합니다.

✎ _____

✎ _____

街まち 거리
静しず**かだ** 조용하다
きれいだ 예쁘다, 깨끗
하다

요즘 한가하고 편합니다.

✎ _____

✎ _____

このごろ 요즘
暇ひま**だ** 한가하다
楽らく**だ** 편하다

수영을 잘 못해서 걱정입니다.

✎ _____

✎ _____

水泳すいえい 수영
〜が 下手へた**だ**
~을(를) 잘 못하다, 서투르다
心配しんぱい**だ** 걱정이다

87

패턴 3

~と~とどちらが~ですか。

~와(과) ~중에 어느 쪽이 ~합니까?

🎧 MP3 033

🔊 **3번 듣고 일본어 따라 써 보기**

🎧 **129**

이것과 그것 중에 어느 쪽이 쌉니까?

これとそれとどちらが安いですか。

🎧 **130**

일본어와 중국어 중에 어느 쪽이 쉽습니까?

日本語と中国語とどちらが易しいですか。

🎧 **131**

야마모토 씨와 나카무라 씨 중에 어느 쪽이 날씬합니까?

山本さんと中村さんとどちらがスマートですか。

🎧 **132**

피아노와 바이올린 중에 어느 쪽을 잘합니까?

ピアノとバイオリンとどっちが上手ですか。

88

~とは '~와(과)'라는 뜻으로 열거할 때 사용하는 조사입니다. どちら는 '어느 쪽'을 가리키는 지시대명사인데, 'AとBと どちらが ~'라고 하면 'A와 B 둘 중에 어느 쪽이 더 ~'라고 비교하여 묻는 표현입니다. どちら와 비슷한 표현인 どっち는 회화에서 주로 쓰입니다.

🔊 우리말을 일본어로 2번 쓰고 말해 보기

단어

이것과 그것 중에 어느 쪽이 쌉니까?

✎ _____

✎ _____

安やすい 싸다

일본어와 중국어 중에 어느 쪽이 쉽습니까?

✎ _____

✎ _____

日本語にほんご 일본어
中国語ちゅうごくご
중국어
易やさ**しい** 쉽다

야마모토 씨와 나카무라 씨 중에 어느 쪽이 날씬합니까?

✎ _____

✎ _____

スマートだ 날씬하다,
똑똑하다

피아노와 바이올린 중에 어느 쪽을 잘합니까?

✎ _____

✎ _____

ピアノ 피아노
バイオリン 바이올린
~が上手じょうず**だ**
~을(를) 잘하다, 능숙하다

패턴 4

~より~のほうが~です。

~보다 ~쪽이 ~합니다.

🎧 MP3 034

 3번 듣고 일본어 따라 써 보기

133

영어보다 러시아어 쪽이 어렵습니다.

英語よりロシア語のほうが難しいです。

134

소금 라면보다 된장 라면 쪽이 진합니다.

塩ラーメンより味噌ラーメンのほうが濃いです。

135

시골보다 도시 쪽이 떠들썩합니다.

田舎より都会のほうが賑やかです。

136

테니스보다 배드민턴 쪽이 자신 있습니다.

テニスよりバドミントンのほうが得意です。

~よりは '~보다'라는 뜻으로 비교를 나타내는 조사입니다. ほう는 방향(쪽)이나 편을 나타내는데 'Aより Bの ほうが ~'라고 하면 'A보다 B 쪽이 더 ~'라는 뜻으로 상대적으로 비교하는 표현이 됩니다.

🔊 **우리말을 일본어로 2번 쓰고 말해 보기**

영어보다 러시아어 쪽이 어렵습니다.

✏️ _____

✏️ _____

英語えいご 영어
ロシア語ご 러시아어
難むずか**しい** 어렵다

소금 라면보다 된장 라면 쪽이 진합니다.

✏️ _____

✏️ _____

塩しお 소금
ラーメン 라면
味噌みそ 된장
濃こい 진하다

시골보다 도시 쪽이 떠들썩합니다.

✏️ _____

✏️ _____

田舎いなか 시골
都会とかい 도시
賑にぎ**やかだ** 떠들썩
하다

테니스보다 배드민턴 쪽이 자신 있습니다.

✏️ _____

✏️ _____

テニス 테니스
バドミントン 배드민턴
得意とくい**だ** 자신 있다,
잘하다

~の中で~が一番~です。

~중에서 ~이(가) 가장 ~합니다.

MP3 035

3번 듣고 일본어 따라 써 보기

채소 중에서 고추가 가장 맵습니다.

137

野菜の中で唐辛子が一番辛いです。

일본 섬 중에서 혼슈가 가장 큽니다.

138

日本の島の中で本州が一番大きいです。

스포츠 중에서 야구를 가장 좋아합니다.

139

スポーツの中で野球が一番好きです。

반 안에서 고바야시 씨가 가장 친절합니다.

140

クラスの中で小林さんが一番親切です。

92

中는 '안, 속, 중'이라는 뜻이며 ～で는 '～에서, ～으로'라는 뜻의 장소나 수단 등을 나타내는 조사입니다. 一番은 '일 번'이라는 뜻이지만 주로 '가장, 제일'이라는 뜻의 부사로 쓰입니다. 따라서 'Aの 中で B가 一番 ～'이라고 하면 'A 중에서 B가 가장 ～'이라는 뜻으로 최상급 표현을 쓸 수 있습니다.

🔊 우리말을 일본어로 2번 쓰고 말해 보기 | 단어

채소 중에서 고추가 가장 맵습니다.

✎ _____

✎ _____

野菜やさい 채소
唐辛子とうがらし 고추
辛からい 맵다

일본 섬 중에서 혼슈가 가장 큽니다.

✎ _____

✎ _____

日本にほん 일본
島しま 섬
本州ほんしゅう 혼슈(일본
열도 가운데 가장 큰 섬)
大おおきい 크다

스포츠 중에서 야구를 가장 좋아합니다.

✎ _____

✎ _____

スポーツ 스포츠
野球やきゅう 야구
～が 好すきだ ~을(를)
좋아하다

반 안에서 고바야시 씨가 가장 친절합니다.

✎ _____

✎ _____

クラス 반, 학급
親切しんせつだ 친절하다

93

핵심 패턴 체크하기

☑ 중요 일본어 문장을 다시 말하면서 써 보세요.

🔊
그 방은 어둡고 춥습니다.

🔊
이 전철은 낡아서 느립니다.

🔊
이 거리는 조용하고 깨끗합니다.

🔊
수영을 잘 못해서 걱정입니다.

🔊
일본어와 중국어 중에 어느 쪽이
쉽습니까?

🔊
피아노와 바이올린 중에 어느 쪽을
잘합니까?

🔊
소금 라면보다 된장 라면 쪽이
진합니다.

🔊
시골보다 도시 쪽이 떠들썩합니다.

🔊
채소 중에서 고추가 가장
맵습니다.

🔊
스포츠 중에서 야구를 가장
좋아합니다.

CHAPTER
08 존재 표현 만들기

141-160

일본어에서는 존재를 <u>스스로</u> 움직이지 못하는 것과 <u>스스로</u> 움직일 수 있는 것 두 가지로 구분합니다. 존재 및 비존재 표현을 알아보고, 조사 ~に를 사용하여 위치를 묻거나 설명해 봅시다.

패턴 1

~あります/います。

~있습니다.

🎧 MP3 036

 3번 듣고 일본어 따라 써 보기

141 🎧

안경이 있습니다.

眼鏡（めがね）があります。

142 🎧

벚나무가 있습니다.

桜（さくら）の木（き）があります。

143 🎧

요시다 씨도 있습니다.

吉田（よしだ）さんもいます。

144 🎧

귀여운 고양이가 있습니다.

かわいい猫（ねこ）がいます。

96

스스로 움직이지 못하는 사물이나 식물이 '있습니다'라고 할 땐 あります라고 하고, 사람이나 동물 등 살아 있는 것이 '있습니다'라고 할 땐 います라고 합니다. 일본어에서는 이와 같이 존재를 두 가지로 구분합니다.

🔊 우리말을 일본어로 2번 쓰고 말해 보기

단어

안경이 있습니다.

✎ _____

✎ _____

眼鏡めがね 안경

벚나무가 있습니다.

✎ _____

✎ _____

桜さくら 벚꽃
木き 나무

요시다 씨도 있습니다.

✎ _____

✎ _____

～さん ~씨

귀여운 고양이가 있습니다.

✎ _____

✎ _____

かわいい 귀엽다
猫ねこ 고양이

~ありません/いません。

~없습니다.

3번 듣고 일본어 따라 써 보기

145

자리가 없습니다.

^{せき}
席がありません。

146

아무것도 없습니다.

^{なに}
何もありません。

147

남자 친구는 없습니다.

^{かれ し}
彼氏はいません。

148

아무도 없습니다.

^{だれ}
誰もいません。

마찬가지로 사물이나 식물이 '없습니다'라고 할 땐 ありません이라고 하고, 사람이나 동물이 '없습니다'라고 할 땐 いません이라고 합니다. ありません은 ないです로, いません은 いないです로 바꿔 말할 수도 있습니다.

우리말을 일본어로 2번 쓰고 말해 보기 | 단어

자리가 없습니다.

✐ _____

✐ _____

席せき 자리, 좌석

아무것도 없습니다.

✐ _____

✐ _____

何なに**も** 아무것도

남자 친구는 없습니다.

✐ _____

✐ _____

彼氏かれし 남자 친구

아무도 없습니다.

✐ _____

✐ _____

誰だれ**も** 아무도

MP3 038

~はどこにありますか/いますか。

~은(는) 어디에 있습니까?

3번 듣고 일본어 따라 써 보기

149

화장실은 어디에 있습니까?

トイレはどこにありますか。

150

접시는 어디에 있습니까?

お<ruby>皿<rt>さら</rt></ruby>はどこにありますか。

151

여자 친구는 어디에 있습니까?

<ruby>彼女<rt>かのじょ</rt></ruby>はどこにいますか。

152

야마다 씨의 반려동물은 어디에 있습니까?

<ruby>山田<rt>やまだ</rt></ruby>さんのペットはどこにいますか。

どこに는 '어디에'라는 뜻의 의문사입니다. 사물/식물이나 사람/동물의 위치가 궁금할 때 どこに ありますか/
いますか라고 질문할 수 있습니다.

우리말을 일본어로 2번 쓰고 말해 보기

| 단어 |

화장실은 어디에 있습니까?

🖉 _____

🖉 _____

トイレ 화장실

접시는 어디에 있습니까?

🖉 _____

🖉 _____

お皿さら 접시

여자 친구는 어디에 있습니까?

🖉 _____

🖉 _____

彼女かのじょ 여자 친구,
그 여자, 그녀

야마다 씨의 반려동물은 어디에 있습니까?

🖉 _____

🖉 _____

ペット 반려동물

패턴
4

~にあります/います。

🎧 MP3 039

~에 있습니다.

3번 듣고 일본어 따라 써 보기

153

저쪽에 있습니다.

あちらにあります。

154

선반 위에 있습니다.

<ruby>棚<rt>たな</rt></ruby>の<ruby>上<rt>うえ</rt></ruby>にあります。

155

방 안에 있습니다.

<ruby>部屋<rt>へ や</rt></ruby>の<ruby>中<rt>なか</rt></ruby>にいます。

156

테이블 밑에 있습니다.

テーブルの<ruby>下<rt>した</rt></ruby>にいます。

~に는 '~에'라는 뜻으로, 위치나 이동하는 방향을 나타내는 조사입니다. 사물/식물 및 사람/동물의 위치나 장소를 나타낼 때 사용할 수 있습니다.

🔊 우리말을 일본어로 2번 쓰고 말해 보기

저쪽에 있습니다.

✏️ _____

✏️ _____

あちら 저쪽

선반 위에 있습니다.

✏️ _____

✏️ _____

棚たな 선반
上うえ 위

방 안에 있습니다.

✏️ _____

✏️ _____

部屋へや 방
中なか 안, 속, 중

테이블 밑에 있습니다.

✏️ _____

✏️ _____

テーブル 테이블
下した 아래, 밑

패턴 5

~にはありません/いません。

~에는 없습니다.

🔊 3번 듣고 일본어 따라 써 보기

157

여기에는 없습니다.

ここにはありません。

158

문 앞에는 없습니다.

ドアの前にはありません。

159

역 바깥에는 없습니다.

駅の外にはいません。

160

소파 뒤에는 없습니다.

ソファーの後ろにはいません。

조사 ～には는 '～에는'이라는 뜻입니다. 만약 '어디에도(아무데도) 없습니다'라고 할 경우 どこにも ありません/いません이라는 표현을 쓰면 됩니다.

🔊 우리말을 일본어로 2번 쓰고 말해 보기

단어

여기에는 없습니다.

✎ _____

✎ _____

ここ 이곳, 여기

문 앞에는 없습니다.

✎ _____

✎ _____

ドア 문
前まえ 앞

역 바깥에는 없습니다.

✎ _____

✎ _____

駅えき 역
外そと 밖, 바깥

소파 뒤에는 없습니다.

✎ _____

✎ _____

ソファー 소파
後うしろ 뒤

핵심 패턴 체크하기

✓ 중요 일본어 문장을 다시 말하면서 써 보세요.

🔊
벚나무가 있습니다.

🔊
귀여운 고양이가 있습니다.

🔊
자리가 없습니다.

🔊
남자 친구는 없습니다.

🔊
화장실은 어디에 있습니까?

🔊
여자 친구는 어디에 있습니까?

🔊
선반 위에 있습니다. (사물/식물)

🔊
테이블 밑에 있습니다. (사람/동물)

🔊
문 앞에는 없습니다. (사물/식물)

🔊
소파 뒤에는 없습니다. (사람/동물)

CHAPTER

09

동사 기본형, ます형 활용하기

일본어의 동사에 대해 살펴봅시다. 일본어의 동사는 세 가지 그룹으로 분류되고, 활용 형태가 복잡하기 때문에 잘 익혀 두어야 여러 가지 문형에 익숙해질 수 있습니다. 조사 ~를를 사용하여 동작이나 상태를 표현해 보고 정중체인 ます형을 알아봅시다.

🎧 MP3 041

~を~る。

~을(를) ~하다.

161

커피를 마시다.

コーヒーを飲_のむ。

162

사진을 찍다.

写真_{しゃしん}を撮_とる。

163

밥을 먹다.

ご飯_{はん}を食_たべる。

164

공부를 하다.

勉強_{べんきょう}をする。

동사는 세 그룹으로 구분됩니다. 1그룹 동사는 말끝이 ~る가 아니거나 말끝이 ~る일 경우 る 앞에 あ단, う단, お단이 오는 동사입니다. 2그룹 동사는 말끝이 ~る로 끝나고 る 앞에 い단, え단이 옵니다. 3그룹 동사는 'する(하다)', '来る(오다)' 딱 두 개만 있습니다. '~을(를)'이라는 뜻의 목적격 조사 '~を'를 사용하여 동작이나 상태를 나타낼 수 있습니다.

우리말을 일본어로 2번 쓰고 말해 보기

단어

커피를 마시다.

🖉 _____

🖉 _____

コーヒー 커피
飲のむ 마시다(1그룹)

사진을 찍다.

🖉 _____

🖉 _____

写真しゃしん 사진
撮とる 찍다(1그룹)

밥을 먹다.

🖉 _____

🖉 _____

ご飯はん 밥
食たべる 먹다(2그룹)

공부를 하다.

🖉 _____

🖉 _____

勉強べんきょう 공부
する 하다(3그룹)

109

~を~ます。

MP3 042

~을(를) ~합니다.

3번 듣고 일본어 따라 써 보기

165

잡지를 읽습니다.

<ruby>雑誌<rt>ざっし</rt></ruby>を<ruby>読<rt>よ</rt></ruby>みます。

166

이름을 부릅니다.

<ruby>名前<rt>なまえ</rt></ruby>を<ruby>呼<rt>よ</rt></ruby>びます。

167

애니메이션을 봅니다.

アニメを<ruby>見<rt>み</rt></ruby>ます。

168

식사를 합니다.

<ruby>食事<rt>しょくじ</rt></ruby>をします。

110

동사의 말끝을 ます로 바꾸어 '～합니다'라고 정중하게 말할 수 있습니다. 이때 1그룹 동사는 말끝의 う단을 い단으로 바꾸고 ます를 연결합니다. 2그룹 동사는 말끝의 ～る를 빼고 ます를 붙이면 됩니다. 3그룹 동사 중 'する(하다)'는 します, '来る(오다)'는 来ます라고 바꿉니다.

우리말을 일본어로 2번 쓰고 말해 보기	단어

잡지를 읽습니다.

🖉 _____

🖉 _____

雑誌ざっし 잡지
読よ**む** 읽다(1그룹)

이름을 부릅니다.

🖉 _____

🖉 _____

名前なまえ 이름
呼よ**ぶ** 부르다(1그룹)

애니메이션을 봅니다.

🖉 _____

🖉 _____

アニメ 애니메이션
見み**る** 보다(2그룹)

식사를 합니다.

🖉 _____

🖉 _____

食事しょくじ 식사
する 하다(3그룹)

~を~ません。

~을(를) ~하지 않습니다.

 3번 듣고 일본어 따라 써 보기

노래를 부르지 않습니다.

 169

うた　うた
歌を歌いません。

한국어를 (말)하지 않습니다.

170

かん こく ご　　はな
韓国語を話しません。

집을 나오지 않습니다.

 171

いえ　で
家を出ません。

운전을 하지 않습니다.

172

うん てん
運転をしません。

동사의 ~ます를 ません으로 바꾸어 '~하지 않습니다, 안 ~합니다'라고 존댓말의 부정문으로 말할 수 있습니다.

우리말을 일본어로 2번 쓰고 말해 보기

단어

노래를 부르지 않습니다.

✎ _____

✎ _____

歌うた 노래
歌うた**う** 노래하다, 부르
다(1그룹)

한국어를 (말)하지 않습니다.

✎ _____

✎ _____

韓国語かんこくご 한국어
話はな**す** 말하다, 이야기
하다(1그룹)

집을 나오지 않습니다.

✎ _____

✎ _____

家いえ 집
出で**る** 나가다, 나오다
(2그룹)

운전을 하지 않습니다.

✎ _____

✎ _____

運転うんてん 운전
する 하다(3그룹)

113

~を~ました。

~을(를) ~했습니다.

🎧 **3번 듣고 일본어 따라 써 보기**

---

173 ✓○○

옷을 샀습니다.

服_{ふく}を買_かいました。

✏️ _____

---

174 ✓○○

전화번호를 썼습니다.

電話番号_{でんわばんごう}を書_かきました。

✏️ _____

---

175 ✓○○

과자를 먹었습니다.

お菓子_{かし}を食_たべました。

✏️ _____

---

176 ✓○○

산책을 했습니다.

散歩_{さんぽ}をしました。

✏️ _____

동사의 ~ます를 ました로 바꾸면 '~했습니다'라고 존댓말의 과거 긍정문을 나타낼 수 있습니다.

우리말을 일본어로 2번 쓰고 말해 보기

	단어

옷을 샀습니다.

🖉 _____

🖉 _____

服ふく 옷
買かう 사다(1그룹)

전화번호를 썼습니다.

🖉 _____

🖉 _____

電話番号でんわばんごう
전화번호
書かく 쓰다(1그룹)

과자를 먹었습니다.

🖉 _____

🖉 _____

お菓子かし 과자
食たべる 먹다(2그룹)

산책을 했습니다.

🖉 _____

🖉 _____

散歩さんぽ 산책
する 하다(3그룹)

115

패턴 5

~を~ませんでした。

🎧 MP3 045

~을(를) ~하지 않았습니다.

👂 **3번 듣고 일본어 따라 써 보기**

177

친구를 기다리지 않았습니다.

友<small>とも</small>だちを待<small>ま</small>ちませんでした。

178

메일을 보내지 않았습니다.

メールを送<small>おく</small>りませんでした。

179

텔레비전을 보지 않았습니다.

テレビを見<small>み</small>ませんでした。

180

일을 하지 않았습니다.

仕事<small>しごと</small>をしませんでした。

116

동사의 ～ます를 ませんでした로 바꾸면 '～하지 않았습니다'라고 존댓말의 과거 부정문을 나타낼 수 있습니다.

단어

친구를 기다리지 않았습니다.

✎ _____

✎ _____

友とも**だち** 친구
待ま**つ** 기다리다(1그룹)

메일을 보내지 않았습니다.

✎ _____

✎ _____

メール 메일, 문자메시지
送おく**る** 보내다(1그룹)

텔레비전을 보지 않았습니다.

✎ _____

✎ _____

テレビ 텔레비전
見み**る** 보다(2그룹)

일을 하지 않았습니다.

✎ _____

✎ _____

仕事しごと 일
する 하다(3그룹)

117

핵심 패턴 체크하기

☑ 중요 일본어 문장을 다시 말하면서 써 보세요.

🔊
커피를 마시다.

🔊
공부를 하다.

🔊
애니메이션을 봅니다.

🔊
식사를 합니다.

🔊
노래를 부르지 않습니다.

🔊
집을 나오지 않습니다.

🔊
전화번호를 썼습니다.

🔊
과자를 먹었습니다.

🔊
친구를 기다리지 않았습니다.

🔊
일을 하지 않았습니다.

CHAPTER

10

동사 기본형 문장 만들기

181-200

일본어 동사 기본형에 연결하여 만들 수 있는 간단한 표현들을 살펴봅시다. 계획, 추측, 가능, 목적 등을 나타낼 수 있습니다.

~つもりです。

~할 예정입니다.

🎧 MP3 046

3번 듣고 일본어 따라 써 보기

181

함께 갈 예정입니다.

一緒に行くつもりです。
いっしょ　い

182

친구와 헤엄칠 예정입니다.

友だちと泳ぐつもりです。
とも　　　およ

183

10시에 잘 예정입니다.

10時に寝るつもりです。
じ　ね

184

야마구치 씨가 올 예정입니다.

山口さんが来る予定です。
やまぐち　　く　よてい

동사의 기본형에 つもりです를 접속하면 '~할 예정입니다, ~할 작정입니다'라는 단순한 계획을 나타내는 표현이 됩니다. 반말로는 'つもりだ(~할 예정이다, ~할 작정이다)'라고 합니다. 비슷한 표현으로 '予定です(~할 예정입니다)'도 있는데, 좀 더 확실하거나 정해진 일정을 뜻합니다.

우리말을 일본어로 2번 쓰고 말해 보기

단어

함께 갈 예정입니다.

🖉 _____

🖉 _____

一緒いっしょに 함께, 같이
行いく 가다(1그룹)

친구와 헤엄칠 예정입니다.

🖉 _____

🖉 _____

友ともだち 친구
~と ~와(과)
泳およぐ 헤엄치다(1그룹)

10시에 잘 예정입니다.

🖉 _____

🖉 _____

~時じ ~시
~に ~에
寝ねる 자다(2그룹)

야마구치 씨가 올 예정입니다.

🖉 _____

🖉 _____

~さん ~씨
来くる 오다(3그룹)

패턴 2

~と思います。

🎧 MP3 047

~하다고 생각합니다.

 3번 듣고 일본어 따라 써 보기

185

그곳에 있다고 생각합니다.

そこにあると思います。

186

거짓말을 한다고 생각합니다.

うそをつくと思います。

187

설탕을 넣는다고 생각합니다.

砂糖を入れると思います。

188

다시 온다고 생각합니다.

また来ると思います。

동사의 기본형에 '~이라고, ~하다고'라는 뜻의 と와 '생각하다'라는 뜻의 思う를 접속하면 '~하다고 생각하다, ~한 것 같다'와 같이 추측을 나타내는 표현이 됩니다. 존댓말은 '~と 思います(~하다고 생각합니다, ~한 것 같습니다)'입니다.

🗣 우리말을 일본어로 2번 쓰고 말해 보기

단어

그곳에 있다고 생각합니다.

✏ _____

✏ _____

そこ 그곳, 거기
ある 있다(사물/식물, 1그룹)

거짓말을 한다고 생각합니다.

✏ _____

✏ _____

うそを つく 거짓말을 하다(1그룹)

설탕을 넣는다고 생각합니다.

✏ _____

✏ _____

砂糖さとう 설탕
入いれる 넣다(2그룹)

다시 온다고 생각합니다.

✏ _____

✏ _____

また 다시, 또
来くる 오다(3그룹)

~かも しれません。

~할지도 모릅니다.

🎧 MP3 048

3번 듣고 일본어 따라 써 보기

189

비가 내릴지도 모릅니다.

あめ　ふ
雨が降るかもしれません。

190

둘 다 죽을지도 모릅니다.

し
どちらも死ぬかもしれません。

191

아기가 깰지도 모릅니다.

あか　　　　　　　　　　　お
赤ちゃんが起きるかもしれません。

192

내년에 유학을 갈지도 모릅니다.

らい ねん　　りゅう がく
来年、留学をするかもしれません。

동사의 기본형에 かも しれない를 접속하면 '~할지도 모른다'와 같이 불확실한 추측을 나타내는 표현이 됩니다. 존댓말로는 '~かも しれません(~할지도 모릅니다)'라고 합니다.

단어

비가 내릴지도 모릅니다.

✎ _____

✎ _____

雨ぁめ 비
降ふる 내리다(1그룹)

둘 다 죽을지도 모릅니다.

✎ _____

✎ _____

どちらも 둘다, 어느쪽
이나
死しぬ 죽다(1그룹)

아기가 깰지도 모릅니다.

✎ _____

✎ _____

赤ぁかちゃん 아기
起おきる 일어나다,
(잠에서) 깨다(2그룹)

내년에 유학을 갈지도 모릅니다.

✎ _____

✎ _____

来年らいねん 내년
留学りゅうがくをする
유학을 가다(3그룹)

125

4

~ことができます。

~할 수 있습니다.

3번 듣고 일본어 따라 써 보기

193

마라톤을 뛸 수 있습니다.

マラソンを走ることができます。

194

밖에서 놀 수 있습니다.

外で遊ぶことができます。

195

글자를 외울 수 있습니다.

文字を覚えることができます。

196

내일 올 수 있습니다.

明日来ることができます。

TIP

'走る(뛰다, 달리다)', '入る(들어가다, 들어오다)', '帰る(돌아가다, 돌아오다)' 등과 같이 말끝 ～る 앞이 い단이나 え단이어도 2그룹이 아니라 1그룹인 경우를 예외 1그룹 동사라고 합니다. 따라서 1그룹 동사 활용 방법에 따라 활용해야 합니다.

동사의 기본형에 ことが できます를 접속하면 '～할 수 있습니다'와 같이 가능을 나타내는 표현이 됩니다. で きる는 '할 수 있다'라는 뜻의 동사입니다. 반대로 '～할 수 없습니다'라고 하려면 ～ことが できません이라고 하면 됩니다.

우리말을 일본어로 2번 쓰고 말해 보기

단어

마라톤을 뛸 수 있습니다.

✎ _____

✎ _____

マラソン 마라톤
走はしる 뛰다, 달리다
(예외 1그룹)

밖에서 놀 수 있습니다.

✎ _____

✎ _____

外そと 밖, 바깥
～で ～에서
遊あそぶ 놀다(1그룹)

글자를 외울 수 있습니다.

✎ _____

✎ _____

文字もじ 글자
覚おぼえる 외우다, 기억
하다(2그룹)

내일 올 수 있습니다.

✎ _____

✎ _____

明日あした 내일
来くる 오다(3그룹)

127

~ために~ます。

~하기 위해서 ~합니다.

3번 듣고 일본어 따라 써 보기

197

술을 마시기 위해서 선술집에 들어갑니다.

お酒<small>さけ</small>を飲<small>の</small>むために居酒屋<small>いざかや</small>に入<small>はい</small>ります。

198

지갑을 사기 위해서 백화점에 갑니다.

財布<small>さいふ</small>を買<small>か</small>うためにデパートに行<small>い</small>きます。

199

수업을 듣기 위해서 학교에 갑니다.

授業<small>じゅぎょう</small>を受<small>う</small>けるために学校<small>がっこう</small>に行<small>い</small>きます。

200

숙제를 하기 위해서 컴퓨터를 사용합니다.

宿題<small>しゅくだい</small>をするためにパソコンを使<small>つか</small>います。

128

동사의 기본형에 ためにを 접속하면 '~하기 위해서'라는 목적을 나타내는 표현이 됩니다.

| 단어 |

술을 마시기 위해서 선술집에 들어갑니다.

✎ _____

✎ _____

お酒さけ 술
飲のむ 마시다
居酒屋いざかや 선술집
入はいる 들어가다, 들어
오다(예외 1그룹)

지갑을 사기 위해서 백화점에 갑니다.

✎ _____

✎ _____

財布さいふ 지갑
買かう 사다
デパート 백화점
行いく 가다(1그룹)

수업을 듣기 위해서 학교에 갑니다.

✎ _____

✎ _____

授業じゅぎょう**を受**う
ける 수업을 듣다(2그룹)
学校がっこう 학교

숙제를 하기 위해서 컴퓨터를 사용합니다.

✎ _____

✎ _____

宿題しゅくだい 숙제
する 하다(3그룹)
パソコン 컴퓨터
使つかう 사용하다, 쓰다
(1그룹)

129

핵심 패턴 체크하기

✓ 중요 일본어 문장을 다시 말하면서 써 보세요.

🔊
친구와 헤엄칠 예정입니다.

🔊
10시에 잘 예정입니다.

🔊
거짓말을 한다고 생각합니다.

🔊
설탕을 넣는다고 생각합니다.

🔊
비가 내릴지도 모릅니다.

🔊
아기가 깰지도 모릅니다.

🔊
밖에서 놀 수 있습니다.

🔊
내일 올 수 있습니다.

🔊
지갑을 사기 위해서 백화점에
갑니다.

🔊
숙제를 하기 위해서 컴퓨터를
사용합니다.

동사 ます형 문장 만들기

201-220

일본어 동사 ます형에 연결하여 만들 수 있는 여러 가지 표현들을 살펴봅시다. 다양한 권유 표현이 있으며, 동시 동작이나 희망을 나타낼 수 있습니다.

패턴 1

~ましょう。

🎧 MP3 051

~합시다.

 3번 듣고 일본어 따라 써 보기

201

🎧

✔○○

역 앞에서 만납시다.

えき まえ　　あ
駅前で会いましょう。

✎ _____

202

🎧

✔○○

사진을 찍읍시다.

しゃ しん　　と
写真を撮りましょう。

✎ _____

203

🎧

✔○○

영화를 봅시다.

えい が　　み
映画を見ましょう。

✎ _____

204

🎧

✔○○

식사를 합시다.

しょく じ
食事をしましょう。

✎ _____

동사를 정중하게 말할 때 말끝을 ～ます로 바꾸었습니다. 이때 '行きます(갑니다)'에서 ます의 바로 앞 부분인 行き까지를 동사의 ます형이라고 부릅니다. 이 ます형에 ましょう를 연결하면 '～합시다'와 같이 상대방에게 제안을 하는 표현이 됩니다.

🔊 우리말을 일본어로 2번 쓰고 말해 보기 | 단어

역 앞에서 만납시다.

✏️ _____

✏️ _____

駅前えきまえ 역 앞, 역전
～で ~에서
会ぁう 만나다(1그룹)

사진을 찍읍시다.

✏️ _____

✏️ _____

写真しゃしん 사진
撮とる 찍다(1그룹)

영화를 봅시다.

✏️ _____

✏️ _____

映画えいが 영화
見みる 보다(2그룹)

식사를 합시다.

✏️ _____

✏️ _____

食事しょくじ 식사
する 하다(3그룹)

~ましょうか。

~할까요?

🎧 MP3 052

205

가방을 들까요?

かばんを持^もちましょうか。

206

춤을 출까요?

踊^{おど}りを踊^{おど}りましょうか。

207

창문을 열까요?

窓^{まど}を開^あけましょうか。

208

연습을 할까요?

練習^{れんしゅう}をしましょうか。

동사의 ます형에 ましょうか를 연결하면 '~할까요?'와 같이 상대방에게 제안할 수 있는데 ~ましょう보다 좀 더 정중한 표현이 됩니다.

🔊 우리말을 일본어로 2번 쓰고 말해 보기

| 단어 |

가방을 들까요?

✏️ _____

✏️ _____

かばん 가방
持もつ 들다, 가지다(1그룹)

춤을 출까요?

✏️ _____

✏️ _____

踊おどり 춤
踊おどる 춤추다(1그룹)

창문을 열까요?

✏️ _____

✏️ _____

窓まど 창문
開あける 열다(2그룹)

연습을 할까요?

✏️ _____

✏️ _____

練習れんしゅう 연습
する 하다(3그룹)

패턴
3

~ませんか。

🎧 MP3 053

~하지 않겠습니까?

3번 듣고 일본어 따라 써 보기

🎧
209

맥주를 마시지 않겠습니까?

ビールを飲^のみませんか。

✏️ _____

🎧
210

에어컨을 끄지 않겠습니까?

エアコンを消^けしませんか。

✏️ _____

🎧
211

문을 닫지 않겠습니까?

ドアを閉^しめませんか。

✏️ _____

🎧
212

쇼핑을 하지 않겠습니까?

買^かい物^{もの}をしませんか。

✏️ _____

136

동사의 ます형에 ませんか를 연결하면 '~하지 않습니까?'라는 의문문도 될 수 있지만, '~하지 않겠습니까?'와 같이 상대방에게 조심스럽게 제안을 하는 표현도 될 수 있습니다.

우리말을 일본어로 2번 쓰고 말해 보기

맥주를 마시지 않겠습니까?

✎ _____

✎ _____

ビール 맥주
飲のむ 마시다(1그룹)

에어컨을 끄지 않겠습니까?

✎ _____

✎ _____

エアコン 에어컨
消けす 끄다(1그룹)

문을 닫지 않겠습니까?

✎ _____

✎ _____

ドア 문
閉しめる 닫다(2그룹)

쇼핑을 하지 않겠습니까?

✎ _____

✎ _____

買かい物もの 쇼핑
する 하다(3그룹)

패턴 4

~ながら~ます。

🎧 MP3 054

~하면서 ~합니다.

🔊 **3번 듣고 일본어 따라 써 보기**

213
🎧 ✔◯◯

음악을 들으면서 걷습니다.

音楽を聞きながら歩きます。
おんがく き あ

✎

214
🎧 ✔◯◯

책을 읽으면서 쉽니다.

本を読みながら休みます。
ほん よ やす

✎

215
🎧 ✔◯◯

샤워를 하면서 이를 닦습니다.

シャワーを浴びながら歯を磨きます。
あ は みが

✎

216
🎧 ✔◯◯

청소를 하면서 텔레비전을 봅니다.

掃除をしながらテレビを見ます。
そうじ み

✎

동사의 ます형에 ながら를 연결하면 '~하면서'라는 뜻으로, 두 가지 동작을 동시에 나타내는 표현을 쓸 수 있습니다.

단어

음악을 들으면서 걷습니다.

🖊 _____

🖊 _____

音楽おんがく 음악
聞きく 듣다, 묻다(1그룹)
歩あるく 걷다(1그룹)

책을 읽으면서 쉽니다.

🖊 _____

🖊 _____

本ほん 책
読よむ 읽다(1그룹)
休やすむ 쉬다(1그룹)

샤워를 하면서 이를 닦습니다.

🖊 _____

🖊 _____

シャワーを浴あ**びる**
샤워를 하다(2그룹)
歯は**を磨**みが**く** 이를 닦다
(1그룹)

청소를 하면서 텔레비전을 봅니다.

🖊 _____

🖊 _____

掃除そうじ 청소
する 하다(3그룹)
テレビ 텔레비전
見みる 보다(2그룹)

139

~たいです。

~하고 싶습니다

🗣️ **3번 듣고 일본어 따라 써 보기**

217

의자에 앉고 싶습니다.

椅子に座りたいです。

218

운전을 배우고 싶습니다.

運転を習いたいです。

219

한국어를 가르치고 싶습니다.

韓国語を教えたいです。

220

아르바이트를 하고 싶습니다.

アルバイトをしたいです。

140

동사의 ます형에 たいです를 연결하면 '~하고 싶습니다'라는 희망을 나타내는 표현이 됩니다. たいです의 기본형은 たい로 い형용사처럼 활용할 수 있습니다. 따라서 부정형은 '~たく ありません(~하고 싶지 않습니다)', 과거 긍정형은 '~たかったです(~하고 싶었습니다)', 과거 부정형은 '~たく ありませんでした(~하고 싶지 않았습니다)'와 같이 표현할 수 있습니다.

우리말을 일본어로 2번 쓰고 말해 보기

단어

의자에 앉고 싶습니다.

椅子いす 의자
~に ~에
座すわる 앉다(1그룹)

운전을 배우고 싶습니다.

運転うんてん 운전
習ならう 배우다(1그룹)

한국어를 가르치고 싶습니다.

韓国語かんこくご 한국어
教おしえる 가르치다
(2그룹)

아르바이트를 하고 싶습니다.

アルバイト 아르바이트
する 하다(3그룹)

141

핵심 패턴 체크하기

✓ 중요 일본어 문장을 다시 말하면서 써 보세요.

🔊
사진을 찍읍시다.

🔊
영화를 봅시다.

🔊
춤을 출까요?

🔊
창문을 열까요?

🔊
맥주를 마시지 않겠습니까?

🔊
쇼핑을 하지 않겠습니까?

🔊
음악을 들으면서 걷습니다.

🔊
청소를 하면서 텔레비전을 봅니다.

🔊
운전을 배우고 싶습니다.

🔊
한국어를 가르치고 싶습니다.

12

동사 ない형
활용하기

동사의 부정형인 ない형의 활용 방법을 익히고 ない형을 연결하여
만들 수 있는 여러 표현들을 살펴봅시다. 허락, 의무, 조언, 금지 등
의 다양한 표현들이 있습니다.

~ない。

🎧 MP3 056

~하지 않다.

 3번 듣고 일본어 따라 써 보기

🎧 **221**

담배는 피우지 않는다.

タバコは吸わない。

🖊

🎧 **222**

회사에 가지 않는다.

会社に行かない。

🖊

🎧 **223**

방을 정리하지 않는다.

部屋を片付けない。

🖊

🎧 **224**

운동을 하지 않는다.

運動をしない。

🖊

동사 기본형의 말끝을 ない로 바꾸어 '~하지 않다, 안 ~하다'라고 부정형을 만들 수 있습니다. 1그룹 동사는 말끝의 う단을 あ단으로 바꾸고 ない를 붙이는데, 이때 ~う는 ~あない가 아니라 ~わない로 바꿔야 합니다. 2그룹 동사는 말끝의 ~る를 빼고 ない를 붙이고, 3그룹 동사 중 'する(하다)'는 しない, '来る(오다)'는 来ない라고 바꿉니다. ない에 です를 연결하면 '~하지 않습니다'라는 존댓말이 되어 ~ません과 같은 의미를 가집니다.

🔊 우리말을 일본어로 2번 쓰고 말해 보기 | 단어

담배는 피우지 않는다.

✎ _____

✎ _____

タバコ 담배
吸すう 피우다, 빨다(1그룹)

회사에 가지 않는다.

✎ _____

✎ _____

会社かいしゃ 회사
行いく 가다(1그룹)

방을 정리하지 않는다.

✎ _____

✎ _____

部屋へや 방
片付かたづ**ける** 정리하다
(2그룹)

운동을 하지 않는다.

✎ _____

✎ _____

運動うんどう 운동
する 하다(3그룹)

145

패턴 2

~なくてもいいです。

🎧 MP3 057

~하지 않아도 됩니다.

 3번 듣고 일본어 따라 써 보기

225

일부러 말하지 않아도 됩니다.

わざわざ言わなくてもいいです。

226

술을 마시지 않아도 됩니다.

お酒を飲まなくてもいいです。

227

이 단어는 외우지 않아도 됩니다.

この単語は覚えなくてもいいです。

228

주말에는 오지 않아도 됩니다.

週末は来なくてもいいです。

146

동사의 부정형인 ない형의 말끝 ~い를 くても いい라고 바꾸면 '~하지 않아도 된다, ~하지 않아도 괜찮다'라
는 허락 표현이 됩니다. 존댓말은 뒤에 です를 붙이면 되고, 회화에서는 ~なくて いい나 ~なくて いいです
라고 줄여서 말하기도 합니다.

우리말을 일본어로 2번 쓰고 말해 보기

	단어

일부러 말하지 않아도 됩니다.

✎ _____

✎ _____

わざわざ 일부러
言いう 말하다(1그룹)

술을 마시지 않아도 됩니다.

✎ _____

✎ _____

お酒さけ 술
飲のむ 마시다(1그룹)

이 단어는 외우지 않아도 됩니다.

✎ _____

✎ _____

単語たんご 단어
覚おぼえる 외우다, 기억
하다(2그룹)

주말에는 오지 않아도 됩니다.

✎ _____

✎ _____

週末しゅうまつ 주말
来くる 오다(3그룹)

🎧 MP3 058

~ないといけません。

~하지 않으면 안 됩니다.

 3번 듣고 일본어 따라 써 보기

🎧 **229**
✓○○

설명서를 읽지 않으면 안 됩니다.

_{せつめいしょ} _よ
説明書を読まないといけません。

✏

🎧 **230**
✓○○

빨리 서두르지 않으면 안 됩니다.

_{はや} _{いそ}
早く急がないといけません。

✏

🎧 **231**
✓○○

제대로 생각하지 않으면 안 됩니다.

_{かんが}
ちゃんと考えないといけません。

✏

🎧 **232**
✓○○

숙제를 하지 않으면 안 됩니다.

_{しゅくだい}
宿題をしなければなりません。

✏

동사의 ない형에 と いけない를 연결하면 '~하지 않으면 안 된다', 즉 '~해야 한다'라는 의무 표현이 됩니다. 존댓말은 ない를 ません으로 바꾸면 됩니다. いけない 대신 'だめだ(안 된다)'를 사용할 수도 있습니다. 비슷한 의무 표현으로 동사의 ない형의 말끝 ~い를 ければ로 바꾸고 なりません을 연결하여 ~なければ なりません이라고 할 수도 있습니다.

우리말을 일본어로 2번 쓰고 말해 보기

단어

설명서를 읽지 않으면 안 됩니다.

✎ _____

✎ _____

説明書せつめいしょ
설명서
読ょ**む** 읽다(1그룹)

빨리 서두르지 않으면 안 됩니다.

✎ _____

✎ _____

早はや**く** 빨리, 일찍
急いそ**ぐ** 서두르다(1그룹)

제대로 생각하지 않으면 안 됩니다.

✎ _____

✎ _____

ちゃんと 제대로, 똑바로
考かんが**える** 생각하다
(2그룹)

숙제를 하지 않으면 안 됩니다.

✎ _____

✎ _____

宿題しゅくだい 숙제
する 하다(3그룹)

149

4 ~ないほうがいいです。

🎧 MP3 059

~하지 않는 편이 좋습니다.

3번 듣고 일본어 따라 써 보기

🎧
233
✓○○

큰 소리로 말하지 않는 편이 좋습니다.

大声で話さないほうがいいです。

🖊 _____

🎧
234
✓○○

담배는 피우지 않는 편이 좋습니다.

タバコは吸わないほうがいいです。

🖊 _____

🎧
235
✓○○

수업에 늦지 않는 편이 좋습니다.

授業に遅れないほうがいいです。

🖊 _____

🎧
236
✓○○

싸움은 하지 않는 편이 좋습니다.

けんかはしないほうがいいです。

🖊 _____

동사의 ない형에 ほうが いい를 연결하면 '~하지 않는 편이 좋다'라는 충고나 조언의 표현이 됩니다. 존댓말은 뒤에 です를 붙이면 됩니다.

🔊 우리말을 일본어로 2번 쓰고 말해 보기

단어

큰 소리로 말하지 않는 편이 좋습니다.

✎ _____

✎ _____

大声おおごえで 큰소리로
話はなす 말하다, 이야기하다(1그룹)

담배는 피우지 않는 편이 좋습니다.

✎ _____

✎ _____

タバコ 담배
吸すう 피우다, 빨다(1그룹)

수업에 늦지 않는 편이 좋습니다.

✎ _____

✎ _____

授業じゅぎょう 수업
~に ~에
遅おくれる 늦다(2그룹)

싸움은 하지 않는 편이 좋습니다.

✎ _____

✎ _____

けんか 싸움
する 하다(3그룹)

~ないでください。

~하지 마세요.

 3번 듣고 일본어 따라 써 보기

237

복도에서 뛰지 마세요.

ろうか はし
廊下で走らないでください。

238

이것에 손대지 마세요.

さわ
これに触らないでください。

239

쓰레기를 버리지 마세요.

す
ごみを捨てないでください。

240

걱정하지 마세요.

しんぱい
心配しないでください。

동사의 ない형에 で ください를 연결하면 '~하지 마세요'라는 금지 표현이 됩니다. 반말의 경우 ください를 빼고 'ないで(~하지 마)'라고 하면 됩니다.

우리말을 일본어로 2번 쓰고 말해 보기

단어

복도에서 뛰지 마세요.

✎ _____

✎ _____

廊下ろうか 복도
~で ~에서
走はしる 뛰다, 달리다
(예외 1그룹)

이것에 손대지 마세요.

✎ _____

✎ _____

これ 이것
~に ~에
触さわる 손대다, 만지다
(1그룹)

쓰레기를 버리지 마세요.

✎ _____

✎ _____

ごみ 쓰레기
捨すてる 버리다(2그룹)

걱정하지 마세요.

✎ _____

✎ _____

心配しんぱいする 걱정
하다(3그룹)

153

핵심 패턴 체크하기

🔊
담배는 피우지 않는다.

🔊
방을 정리하지 않는다.

🔊
술을 마시지 않아도 됩니다.

🔊
주말에는 오지 않아도 됩니다.

🔊
빨리 서두르지 않으면 안 됩니다.

🔊
제대로 생각하지 않으면
안 됩니다.

🔊
큰 소리로 말하지 않는 편이
좋습니다.

🔊
싸움은 하지 않는 편이 좋습니다.

🔊
복도에서 뛰지 마세요.

🔊
쓰레기를 버리지 마세요.

CHAPTER 13

동사 て형 활용하기

241-260

동사의 연결형인 て형의 활용 방법을 익혀 봅시다. 동사 て형은 그룹별로 활용 방법이 복잡하므로 잘 숙지하여야 합니다. て형을 연결하여 만들 수 있는 동작의 전후, 현재 진행, 준비나 완료 표현을 살펴봅시다.

패턴 1

~て

~하고/해서

🎧 MP3 061

241

표를 사고 오사카에 갑니다.

きっぷ か おお さか い
切符を買って大阪に行きます。

242

친구와 놀고 집에 돌아왔습니다.

とも あそ いえ かえ
友だちと遊んで家に帰りました。

243

아침 일찍 일어나서 우유를 마십니다.

あさ はや お ぎゅうにゅう の
朝早く起きて牛乳を飲みます。

244

도서관에 와서 공부를 했습니다.

と しょ かん き べん きょう
図書館に来て勉強をしました。

동사의 말끝을 て로 바꾸어 '~하고, ~해서'라고 연결이나 이유 등을 표현할 수 있습니다. 1그룹 동사를 て로 바꾸는 방법은 조금 복잡합니다. 말끝의 ~う, ~つ, ~る는 ~って로, ~ぬ, ~ぶ, ~む는 ~んで로, ~く는 ~いて, ~ぐ는 ~いで, ~す는 ~して로 바뀝니다. 이때 '行く(가다)'는 예외로 行って라고 바꿉니다. 2그룹 동사는 말끝의 ~る를 빼고 て를 붙이고, 3그룹 동사 중 'する(하다)'는 して, '来る(오다)'는 来て라고 바꿉니다.

🔊 우리말을 일본어로 2번 쓰고 말해 보기

단어

표를 사고 오사카에 갑니다.

✎ _____

✎ _____

切符きっぷ 표, 티켓
買かう 사다(1그룹)
大阪おおさか 오사카
行いく 가다(1그룹)

친구와 놀고 집에 돌아왔습니다.

✎ _____

✎ _____

友ともだち 친구
~と ~와(과)
遊あそぶ 놀다(1그룹)
家いえ 집
帰かえる 돌아가다, 돌아오다(예외 1그룹)

아침 일찍 일어나서 우유를 마십니다.

✎ _____

✎ _____

朝早あさはやく 아침 일찍
起おきる 일어나다, (잠에서) 깨다(2그룹)
牛乳ぎゅうにゅう 우유
飲のむ 마시다(1그룹)

도서관에 와서 공부를 했습니다.

✎ _____

✎ _____

図書館としょかん 도서관
来くる 오다(3그룹)
勉強べんきょう 공부
する 하다(3그룹)

패턴 2

🎧 MP3 062

~てから~ます。

~하고 나서 ~합니다.

3번 듣고 일본어 따라 써 보기

🎧 **245**

수영장에서 헤엄치고 나서 샤워를 합니다.

プールで泳いでからシャワーを浴びます。

🎧 **246**

불을 끄고 나서 문을 닫습니다.

電気を消してからドアを閉めます。

🎧 **247**

단어를 외우고 나서 시험을 봅니다.

単語を覚えてからテストを受けます。

🎧 **248**

운동을 하고 나서 밥을 먹습니다.

運動をしてからご飯を食べます。

158

동사의 연결형인 て형에 から를 연결하면 '∼하고 나서'라고 동작의 전후를 나타내는 표현이 됩니다.

우리말을 일본어로 2번 쓰고 말해 보기

단어

수영장에서 헤엄치고 나서 샤워를 합니다.

✎ _____

✎ _____

プール 수영장
〜で ~에서
泳およぐ 헤엄치다(1그룹)
シャワーを浴あびる
샤워를 하다(2그룹)

불을 끄고 나서 문을 닫습니다.

✎ _____

✎ _____

電気でんき 불, 전기
消けす 끄다(1그룹)
ドア 문
閉しめる 닫다(2그룹)

단어를 외우고 나서 시험을 봅니다.

✎ _____

✎ _____

単語たんご 단어
覚おぼえる 외우다, 기억
하다(2그룹)
試験しけんを受うける
시험을 보다(2그룹)

운동을 하고 나서 밥을 먹습니다.

✎ _____

✎ _____

運動うんどう 운동
する 하다(3그룹)
ご飯はん 밥
食たべる 먹다(2그룹)

159

패턴 3

~ています。

~하고 있습니다.

🔊 3번 듣고 일본어 따라 써 보기

🎧 MP3 063

249

마쓰모토 씨를 기다리고 있습니다.

松本さんを待っています。

✏️ _____

250

푹 쉬고 있습니다.

ゆっくり休んでいます。

✏️ _____

251

옷을 입고 있습니다.

服を着ています。

✏️ _____

252

일을 하고 있습니다.

仕事をしています。

✏️ _____

동사의 て형에 '있다'라는 뜻의 いる를 연결하면 '〜하고 있다'라고 현재 진행 중인 동작을 나타내는 표현이 됩니다. 존댓말은 '〜て います(〜하고 있습니다)'라고 합니다. 회화에서는 〜てる나 〜てます라고 줄여서 말할 수도 있습니다.

🗣 우리말을 일본어로 2번 쓰고 말해 보기 | 단어

마쓰모토 씨를 기다리고 있습니다.

✎ _____

✎ _____

〜さん ~씨
待まつ 기다리다(1그룹)

푹 쉬고 있습니다.

✎ _____

✎ _____

ゆっくり 푹, 천천히
休やすむ 쉬다(1그룹)

옷을 입고 있습니다.

✎ _____

✎ _____

服ふく 옷
着きる 입다(2그룹)

일을 하고 있습니다.

✎ _____

✎ _____

仕事しごと 일
する 하다(3그룹)

~ておきます。

~해 둡니다

 3번 듣고 일본어 따라 써 보기

253

토스트를 만들어 둡니다.

トーストを作っておきます。

254

약을 먹어 둡니다.

薬を飲んでおきます。

255

자료를 조사해 둡니다.

資料を調べておきます。

256

식사를 해 둡니다.

食事をしておきます。

동사의 て형에 '두다, 놓다'라는 뜻의 おく를 연결하면 '~해 두다, ~해 놓다'라는 표현이 됩니다. 존댓말은 '~て おきます(~해 둡니다, ~해 놓습니다)'라고 합니다. 회화에서는 ~とく나 ~ときます라고 줄여서 말할 수도 있습니다.

🔊 **우리말을 일본어로 2번 쓰고 말해 보기**

단어

토스트를 만들어 둡니다.

✎ _____

✎ _____

トースト 토스트
作つく**る** 만들다(1그룹)

약을 먹어 둡니다.

✎ _____

✎ _____

薬くすり**を飲**の**む** 약을 먹다(1그룹)

자료를 조사해 둡니다.

✎ _____

✎ _____

資料しりょう 자료
調しら**べる** 조사하다, 알아보다(2그룹)

식사를 해 둡니다.

✎ _____

✎ _____

食事しょくじ 식사
する 하다(3그룹)

163

~てしまいました。

~해 버렸습니다.

3번 듣고 일본어 따라 써 보기

257

만화를 전부 읽어 버렸습니다.

漫画を全部読んでしまいました。

258

지갑을 잃어버리고 말았습니다.

財布を落としてしまいました。

259

약속을 잊어버리고 말았습니다.

約束を忘れてしまいました。

260

지각을 해 버렸습니다.

遅刻をしてしまいました。

164

동사의 て형에 しまう를 연결하면 '~해 버리다, ~하고 말다'라는 완료나 후회 표현이 됩니다. 존댓말로는 '~て しまいます(~해 버립니다, ~하고 맙니다)'라고 하는데, 주로 '~て しまいました(~해 버렸습니다, ~하고 말았습니다)'와 같이 과거형으로 쓰이는 경우가 많습니다.

🔊 우리말을 일본어로 2번 쓰고 말해 보기

단어

만화를 전부 읽어 버렸습니다.

✏ _____

✏ _____

漫画まんが 만화, 만화책
全部ぜんぶ 전부
読ょむ 읽다(1그룹)

지갑을 잃어버리고 말았습니다.

✏ _____

✏ _____

財布さいふ 지갑
落ぉとす 떨어뜨리다,
잃어버리다(1그룹)

약속을 잊어버리고 말았습니다.

✏ _____

✏ _____

約束やくそく 약속
忘わすれる 잊다(2그룹)

지각을 해 버렸습니다.

✏ _____

✏ _____

遅刻ちこく 지각
する 하다(3그룹)

165

핵심 패턴 체크하기

☑ 중요 일본어 문장을 다시 말하면서 써 보세요.

🔊
표를 사고 오사카에 갑니다.

🔊
도서관에 와서 공부를 했습니다.

🔊
단어를 외우고 나서 시험을
봅니다.

🔊
운동을 하고 나서 밥을 먹습니다.

🔊
푹 쉬고 있습니다.

🔊
옷을 입고 있습니다.

🔊
약을 먹어 둡니다.

🔊
자료를 조사해 둡니다.

🔊
지갑을 잃어버리고 말았습니다.

🔊
약속을 잊어버리고 말았습니다.

14

동사 て형 문장 만들기

261-280

동사의 て형을 연결하여 만들 수 있는 금지, 허락, 요청 및 부탁 등의 여러 가지 표현을 살펴봅시다.

~てはいけません。

~하면 안 됩니다.

 MP3 066

 3번 듣고 일본어 따라 써 보기

261

스마트폰을 쓰면 안 됩니다.

スマホを使ってはいけません。

_____

262

그곳에 가면 안 됩니다.

そこに行ってはいけません。
_____

263

쓰레기를 버리면 안 됩니다.

ごみを捨ててはいけません。
_____

264

두 번 다시 실수하면 안 됩니다.

二度と失敗してはいけません。
_____

동사의 て형에 は いけない를 연결하면 '~하면 안 된다, ~해서는 안 된다'라고 금지하는 표현이 됩니다. 존댓말은 ない를 ません으로 바꾸면 됩니다. いけない 대신 'だめだ(안 된다)'를 사용할 수도 있습니다.

🔊 우리말을 일본어로 2번 쓰고 말해 보기

단어

스마트폰을 쓰면 안 됩니다.

✎ _____

✎ _____

スマホ 스마트폰
使つかう 사용하다, 쓰다
(1그룹)

그곳에 가면 안 됩니다.

✎ _____

✎ _____

そこ 거기, 그곳
行いく 가다(1그룹)

쓰레기를 버리면 안 됩니다.

✎ _____

✎ _____

ごみ 쓰레기
捨すてる 버리다(2그룹)

두 번 다시 실수하면 안 됩니다.

✎ _____

✎ _____

二度にど**と** 두번다시
失敗しっぱい**する** 실수
하다, 실패하다(3그룹)

169

~てもいいですか。

~해도 됩니까?

 3번 듣고 일본어 따라 써 보기

일본어로 (말)해도 됩니까?

265

にほんご はな
日本語で話してもいいですか。

여기에 앉아도 됩니까?

266

すわ
ここに座ってもいいですか。

전화를 걸어도 됩니까?

267

でん わ
電話をかけてもいいですか。

내일 또 와도 됩니까?

268

あした き
明日また来てもいいですか。

동사의 て형에 も いいですか를 연결하면 '~해도 됩니까?'라는 허락을 묻는 표현이 됩니다. 회화에서는 ~て いいですか라고 줄여서 말할 수도 있습니다. 허락을 할 경우에는 '~ても いいです(~해도 됩니다)'라고 하면 되고, 허락하지 않을 경우에는 '~ては いけません(~하면 안 됩니다)'이라고 하면 됩니다.

🗣 우리말을 일본어로 2번 쓰고 말해 보기

단어

일본어로 (말)해도 됩니까?

✎ _____

✎ _____

日本語にほんご 일본어
~で ~으로
話はなす 말하다, 이야기하다(1그룹)

여기에 앉아도 됩니까?

✎ _____

✎ _____

ここ 여기, 이곳
~に ~에
座すわる 앉다(1그룹)

전화를 걸어도 됩니까?

✎ _____

✎ _____

電話でんわ 전화
かける 걸다(2그룹)

내일 또 와도 됩니까?

✎ _____

✎ _____

明日あした 내일
また 다시, 또
来くる 오다(3그룹)

171

패턴
3

~てください。

～해 주세요.

 3번 듣고 일본어 따라 써 보기

269

조금 서둘러 주세요.

ちょっと急いでください。
_{いそ}

270

성함을 써 주세요.

お名前を書いてください。
_な_{まえ} _か

271

좌석 벨트를 매 주세요.

シートベルトを締めてください。
_し

272

이쪽으로 와 주세요.

こちらに来てください。
_き

동사의 て형에 '주세요'라는 뜻의 ください를 연결하면 '~해 주세요, ~하세요'라고 부탁 및 요청을 하는 표현이 됩니다. 반말의 경우 ください를 빼고 '~て(~해 줘)'라고 하면 됩니다.

🗣 우리말을 일본어로 2번 쓰고 말해 보기

조금 서둘러 주세요.

✏ _____

✏ _____

ちょっと 조금, 좀
急いそぐ 서두르다(1그룹)

성함을 써 주세요.

✏ _____

✏ _____

お名前なまえ 성함, 이름
書かく 쓰다(1그룹)

좌석 벨트를 매 주세요.

✏ _____

✏ _____

シートベルト 좌석 벨트
締しめる 매다(2그룹)

이쪽으로 와 주세요.

✏ _____

✏ _____

こちらに 이쪽으로
来くる 오다(3그룹)

~てくださいませんか。

~해 주시지 않겠습니까?

🎧 273

소금을 집어 주시지 않겠습니까?

塩を取ってくださいませんか。

🎧 274

한 줄로 서 주시지 않겠습니까?

一列に並んでくださいませんか。

🎧 275

에어컨을 켜 주시지 않겠습니까?

エアコンをつけてくださいませんか。

🎧 276

내용을 설명해 주시지 않겠습니까?

内容を説明してくださいませんか。

'~て ください(~해 주세요)'에 ませんか를 연결하면 '~해 주시지 않겠습니까?'라고 조금 더 공손하게 부탁을 하는 표현이 됩니다. '~て くださいますか(~해 주시겠습니까?)' 또한 공손한 표현입니다.

우리말을 일본어로 2번 쓰고 말해 보기

단어

소금을 집어 주시지 않겠습니까?

✎ _____

✎ _____

塩しお 소금
取とる 집다, 들다(1그룹)

한 줄로 서 주시지 않겠습니까?

✎ _____

✎ _____

一列いちれつに 한 줄로,
일렬로
並ならぶ 줄 서다(1그룹)

에어컨을 켜 주시지 않겠습니까?

✎ _____

✎ _____

エアコン 에어컨
つける 켜다(2그룹)

내용을 설명해 주시지 않겠습니까?

✎ _____

✎ _____

内容ないよう 내용
説明せつめい**する** 설명
하다(3그룹)

175

패턴 5

~てもらえますか。

~해 주실 수 있습니까?

🎧 MP3 070

 3번 듣고 일본어 따라 써 보기

---

277 ✔️○○

펜을 빌려주실 수 있습니까?

ペンを貸_かしてもらえますか。

✏️ _____

---

278 ✔️○○

사진을 찍어 주실 수 있습니까?

写真_{しゃしん}を撮_とってもらえますか。

✏️ _____

---

279 ✔️○○

길을 가르쳐 주실 수 있습니까?

道_{みち}を教_{おし}えてもらえますか。

✏️ _____

---

280 ✔️○○

이것을 반품해 주실 수 있습니까?

これを返品_{へんぴん}してもらえますか。

✏️ _____

176

동사의 て형에 もらえますか를 연결하면 '~해 주실 수 있습니까?'라고 공손하게 부탁을 하는 표현이 됩니다.
'~てもらえませんか(~해 주실 수 없습니까?)'라고 하면 조금 더 정중하게 부탁할 수 있습니다.

🗣 우리말을 일본어로 2번 쓰고 말해 보기 | 단어

펜을 빌려주실 수 있습니까?

✎ _____

✎ _____

ペン 펜
貸かす 빌려주다(1그룹)

사진을 찍어 주실 수 있습니까?

✎ _____

✎ _____

写真しゃしん 사진
撮とる 찍다(1그룹)

길을 가르쳐 주실 수 있습니까?

✎ _____

✎ _____

道みち 길
教おしえる 가르치다
(2그룹)

이것을 반품해 주실 수 있습니까?

✎ _____

✎ _____

これ 이것
返品へんぴんする 반품
하다(3그룹)

핵심 패턴 체크하기

🔊
스마트폰을 쓰면 안 됩니다.

🔊
두 번 다시 실수하면 안 됩니다.

🔊
여기에 앉아도 됩니까?

🔊
전화를 걸어도 됩니까?

🔊
좌석 벨트를 매 주세요.

🔊
이쪽으로 와 주세요.

🔊
소금을 집어 주시지 않겠습니까?

🔊
내용을 설명해 주시지
않겠습니까?

🔊
펜을 빌려주실 수 있습니까?

🔊
길을 가르쳐 주실 수 있습니까?

CHAPTER

15

동사 た형 활용하기

281-300

동사의 과거형인 た형의 활용 방법을 먼저 익혀 봅시다. 동사의 た 형은 て형과 활용 방법이 동일합니다. た형을 연결하여 만들 수 있 는 동작의 전후, 경험, 조언, 열거 등의 다양한 표현들을 살펴봅시다.

패턴 1

~た。

~했다.

MP3 071

 3번 듣고 일본어 따라 써 보기

281

버스를 탔다.

バスに乗った。

282

정말 놀랐다.

本当に驚いた。

283

푹 잤다.

ぐっすり寝た。

284

친구와 싸웠다.

友だちとけんかした。

180

동사의 말끝을 た로 바꾸어 '~했다'라고 과거형을 만들 수 있습니다. た형으로 바꾸는 법은 て형과 동일합니다. 1그룹 동사는 말끝의 ~う, ~つ, ~る는 ~った로, ~ぬ, ~ぶ, ~む는 ~んだ로, ~く는 ~いた, ~ぐ는 ~いだ, ~す는 ~した로 바꿉니다. 예외로 '行く(가다)'는 行った라고 바꿉니다. 2그룹 동사는 말끝의 ~る를 빼고 た를 붙이면 됩니다. 3그룹 동사 중 'する(하다)'는 した, '来る(오다)'는 来た라고 바꿉니다.

우리말을 일본어로 2번 쓰고 말해 보기	단어

버스를 탔다.

✎ _____

✎ _____

バス 버스
~に乗のる ~을(를)
타다(1그룹)

정말 놀랐다.

✎ _____

✎ _____

本当ほんとうに 정말로
驚おどろく 놀라다(1그룹)

푹 잤다.

✎ _____

✎ _____

ぐっすり 푹, 깊이
寝ねる 자다(2그룹)

친구와 싸웠다.

✎ _____

✎ _____

友ともだち 친구
~と ~와(과)
けんかする 싸우다
(3그룹)

181

패턴 2 ~たあとで~ます。

~한 뒤에 ~합니다.

 MP3 072

🎧 **3번 듣고 일본어 따라 써 보기**

285

커피를 마신 뒤에 이를 닦습니다.

コーヒーを飲んだあとで歯を磨きます。

286

순서를 기다린 뒤에 들어갑니다.

順番を待ったあとで入ります。

287

차분히 생각한 뒤에 결정합니다.

じっくり考えたあとで決めます。

288

빨래를 한 뒤에 청소를 합니다.

洗濯をしたあとで掃除をします。

182

동사의 과거형인 た형에 あとで를 연결하면 '~한 뒤에, ~한 후에'라는 뜻이 됩니다. 이는 ~てから와 비슷한 표현으로 동작의 전후 상황을 나타냅니다.

🗣 우리말을 일본어로 2번 쓰고 말해 보기

단어

커피를 마신 뒤에 이를 닦습니다.

✎ _____

✎ _____

コーヒー 커피
飲のむ 마시다(1그룹)
歯はを**磨**みがく 이를 닦다
(1그룹)

순서를 기다린 뒤에 들어갑니다.

✎ _____

✎ _____

順番じゅんばん 순서, 차례
待まつ 기다리다(1그룹)
入はいる 들어가다, 들어
오다(예외 1그룹)

차분히 생각한 뒤에 결정합니다.

✎ _____

✎ _____

じっくり 차분히, 곰곰이
考かんが**える** 생각하다
(2그룹)
決きめる 결정하다(2그룹)

빨래를 한 뒤에 청소를 합니다.

✎ _____

✎ _____

洗濯せんたく 빨래
する 하다(3그룹)
掃除そうじ 청소

패턴 3 ~たことがあります。

🎧 MP3 073

~한 적이 있습니다.

 3번 듣고 일본어 따라 써 보기

🎧 **289**

☑○○

후지산에 오른 적이 있습니다.

富士山に登ったことがあります。

✏️

🎧 **290**

☑○○

길을 헤맨 적이 있습니다.

道に迷ったことがあります。

✏️

🎧 **291**

☑○○

피규어를 모은 적이 있습니다.

フィギュアを集めたことがあります。

✏️

🎧 **292**

☑○○

다이어트를 한 적이 있습니다.

ダイエットをしたことがあります。

✏️

184

동사의 た형에 ことが ある를 연결하면 '~한 적이 있다'라는 경험을 나타내는 표현이 됩니다. 반대로 ことが ない라고 하면 '~한 적이 없다'라는 표현입니다. 존댓말로는 '~た ことが あります(~한 적이 있습니다)', '~た ことが ありません/ないです(~한 적이 없습니다)'라고 하면 됩니다.

🔊 **우리말을 일본어로 2번 쓰고 말해 보기**

후지산에 오른 적이 있습니다.

✏ _____

✏ _____

富士山ふじさん 후지산
〜に ~에
登のぼる 오르다(1그룹)

길을 헤맨 적이 있습니다.

✏ _____

✏ _____

道みちに 迷まよう 길을
헤매다, 길을 잃다(1그룹)

피규어를 모은 적이 있습니다.

✏ _____

✏ _____

フィギュア 피규어
集あつめる 모으다(2그룹)

다이어트를 한 적이 있습니다.

✏ _____

✏ _____

ダイエット 다이어트
する 하다(3그룹)

4 ~たほうがいいです。

~하는 편이 좋습니다.

 3번 듣고 일본어 따라 써 보기

293

티켓을 사는 편이 좋습니다.

チケットを買ったほうがいいです。

294

약을 먹는 편이 좋습니다.

薬を飲んだほうがいいです。

295

수업을 듣는 편이 좋습니다.

授業を受けたほうがいいです。

296

되도록 일찍 오는 편이 좋습니다.

できるだけ早く来たほうがいいです。

동사의 た형에 ほうが いい를 연결하면 '~하는 편이 좋다'라는 충고나 조언의 표현이 됩니다. 존댓말은 뒤에 です를 붙이면 됩니다.

티켓을 사는 편이 좋습니다.

✏ _____

✏ _____

チケット 티켓
買か**う** 사다(1그룹)

약을 먹는 편이 좋습니다.

✏ _____

✏ _____

薬くすり**を 飲**の**む** 약을
먹다(1그룹)

수업을 듣는 편이 좋습니다.

✏ _____

✏ _____

授業じゅぎょう**を 受**う
ける 수업을 듣다(2그룹)

되도록 일찍 오는 편이 좋습니다.

✏ _____

✏ _____

できるだけ 되도록,
가능한 한
早はや**く** 빨리, 일찍
来く**る** 오다(3그룹)

187

~たり~たりします。

~하거나 ~하거나 합니다.

🎧 MP3 075

 3번 듣고 일본어 따라 써 보기

297

매일 뛰거나 걷거나 합니다.

<ruby>毎日<rt>まいにち</rt></ruby><ruby>走<rt>はし</rt></ruby>ったり<ruby>歩<rt>ある</rt></ruby>いたりします。

298

음악을 듣거나 만화책을 읽거나 합니다.

<ruby>音楽<rt>おんがく</rt></ruby>を<ruby>聞<rt>き</rt></ruby>いたり<ruby>漫画<rt>まんが</rt></ruby>を<ruby>読<rt>よ</rt></ruby>んだりします。

299

주말에는 텔레비전을 보거나 자거나 합니다.

<ruby>週末<rt>しゅうまつ</rt></ruby>はテレビを<ruby>見<rt>み</rt></ruby>たり<ruby>寝<rt>ね</rt></ruby>たりします。

300

사사키 씨가 왔다 갔다 합니다.

<ruby>佐々木<rt>ささき</rt></ruby>さんが<ruby>行<rt>い</rt></ruby>ったり<ruby>来<rt>き</rt></ruby>たりします。

동사의 た형에 り를 연결하면 '~하거나'라는 뜻이 되는데, ~たり ~たり する라고 하면 '~하거나 ~하거나 한다'라고 동작을 열거하는 표현이 됩니다. 존댓말은 する 대신 します라고 하면 됩니다. '왔다 갔다 한다'라는 표현은 일본어에서는 반대로 行ったり 来たり する라고 합니다.

🔊 우리말을 일본어로 2번 쓰고 말해 보기 | 단어

매일 뛰거나 걷거나 합니다.

🖉 _____

🖉 _____

每日まいにち 매일
走はしる 뛰다, 달리다 (예외 1그룹)
歩あるく 걷다(1그룹)

음악을 듣거나 만화책을 읽거나 합니다.

🖉 _____

🖉 _____

音楽おんがく 음악
聞きく 듣다, 묻다(1그룹)
漫画まんが 만화, 만화책
読よむ 읽다(1그룹)

주말에는 텔레비전을 보거나 자거나 합니다.

🖉 _____

🖉 _____

週末しゅうまつ 주말
テレビ 텔레비전
見みる 보다(2그룹)
寝ねる 자다(2그룹)

사사키 씨가 왔다 갔다 합니다.

🖉 _____

🖉 _____

~さん ~씨
行いく 가다(1그룹)
来くる 오다(3그룹)

189

핵심 패턴 체크하기

☑ 중요 일본어 문장을 다시 말하면서 써 보세요.

🔊
버스를 탔다.

🔊
푹 잤다.

🔊
차분히 생각한 뒤에 결정합니다.

🔊
빨래를 한 뒤에 청소를 합니다.

🔊
후지산에 오른 적이 있습니다.

🔊
길을 헤맨 적이 있습니다.

🔊
티켓을 사는 편이 좋습니다.

🔊
되도록 일찍 오는 편이 좋습니다.

🔊
매일 뛰거나 걷거나 합니다.

🔊
주말에는 텔레비전을 보거나
자거나 합니다.

おつかれ！